カール教授のビジネス集中講義

Prof. Carl's Business Essential

経営戦略

Corporate Strategy

平野敦士カール

Carl Atsushi Hirano

朝日新聞出版

本書の使い方

本シリーズは、わたくし、平野敦士カールが実務家、経営コンサルタント、著者、大学教授とさまざまな経験をする中で、以下の3点を痛切に感じたことから執筆したものです。

その3点とは、

1

「自分のアタマで考える」「他人と議論する」ことが何よりも大切。そのためには基本的な用語や理論への理解が必須

2

知ること、理解することと、ビジネスの現場で実際に使うことはまったく次元が異なること。内容の理解度チェックが必要

3

経営戦略の全体像は意外とみな知らない。そのため1冊で網羅的にクイックに学ぶことができ、どこから読んでも理解できる、辞書的にも活用できる書籍が求められていること

経営戦略は経営者や企画担当、コンサルタントだけが学ぶべきものではなくすべての人が学ぶべきものだと考えます。激変する経営環境において、優れた人材とは世の中の動きを察知し、未来を予測して迅速《じんそく》に経営陣にフィードバックできる人です。つまり、常に進化していくことができる能力を

備えることが必要です。

本書では「自分が社長だったらどう考えるか？」という視点での戦略的思考を身につけるために必要な基本的な事項を図解を含めてわかりやすく説明しました。

経営戦略の歴史概観、戦略思考、ロジカルシンキングから重要なフレームワーク、代表的な理論などのエッセンスが学べる内容になっています。一般的なビジネス・パーソンはもちろん、ＭＢＡ（経営学修士）の取得を目指す方々にも読んでいただきたいと思っています。

また、さらに深く勉強したい方には参考となる書籍なども巻末に記載しましたのでぜひ参考にしてください。

各章の終わりにはテストも設けましたので必ず理解度を確認しましょう。

本書を常にデスクの上に置いていただき反復して読むことで、みなさんの戦略的思考力が飛躍することを願います。

Contents

Carl Atsushi Hirano
Corporate Strategy

第2章 戦略的思考

Contents

第5章 事業戦略 135

第7章 戦略実行 …… 221

はじめに

Introduction

ひとくちに経営戦略といっても実に多くの理論があります。学者、コンサルタント、経営者など、それぞれの立場からさまざまな理論が提唱されています。また、本書でもご紹介する「デザイン思考」や「リーンスタートアップ」などの考え方が普及するに従って「経営戦略など不要になった」という声まで聞かれるようになりました。

実務家のみなさんはおそらく「実務で役立てるにはどの理論を学べばよいのだろうか、一体どれが正しい理論なのだろうか」と大いに混乱しているというのが本音ではないかと思います。

わたしなりの考えをいうと、「どの理論もそれなりに正しいが理論は実際の成功事例や失敗事例から導かれたものであり、あくまでも一般論だ」ということです。あなたの会社の業種や置かれた環境によってふさわしい戦略を複数組み合わせて使うべきだということです。

さらに重要なことはそれらの理論や過去の事例を「知識」として理解した上で、みなさんの会社の「現在そしてこれからの戦略」について「自分のアタマで考える」戦略的思考を身につけることです。具体的にはニュースなどで成功している企業の情報を耳にしたら「あの会社はどういう戦略で成功しているのだろうか?」と考えてみることです。常に「自分がその会社の社長だったらどうするだろうか?」と考えることです。

ある著名な一部上場の経営者は「経営判断でミスをしない

ようになったのは経験のおかげだ。経営戦略は立てるが最後は長年の経験から会得した〝勘〟である」と述べています。経営者として常に経営判断を行ってきた蓄積された経験こそが〝勘〟に結びつくのでしょう。

経験がない場合、まずは「先人の知恵」を利用しましょう。過去の戦略や事例は参考にならないという意見もありますが、その時代にどのような環境変化にいかに対応したのかということを勘案しながら「今の時代だったらどうするべきか」という視点で考えてみましょう。

本書で紹介するさまざまな経営戦略を身につければ、あなたの価値は必ず高まります。

それでは、一緒に「経営戦略」を学んでいきましょう！

平野敦士カール

装丁／細山田光宣＋天池 聖
（細山田デザイン事務所）
イラスト／長場 雄
帯写真：ゲッティ イメージズ

カール教授の
ビジネス集中講義

経営戦略

Corporate Strategy

平野敦士カール

Part 1

Corporate Strategy

第1章 経営戦略

経営戦略とは、一言でいえば「企業が経営理念に基づいて環境変化に対応しつつ、将来目指す姿に至るまでの打ち手」です。まずは経営理念・経営戦略・ビジネスモデルの関係、そして歴史を把握しましょう。

1 経営戦略・経営理念・ビジネスモデル

Corporate Strategy, Corporate Philosophy & Business Model

企業がもうけるための3つの基本構造

戦略（Strategy）とは元々軍事用語で「戦争に勝つための総合的かつ長期的な計略」を意味します。**「経営戦略」**とは、それを企業経営に適用したもので、諸説ありますが「企業が経営理念に基づいて環境変化に対応しつつ、将来目指す姿に至るまでの打ち手」といえるでしょう。

経営者が将来目指す姿を表すものとして**「経営理念」**があります。経営理念は2つに分けることができます。**ビジョン**（Vision）と**ミッション**（Mission）です。ビジョンとは「テレビジョン」という言葉からも想像できるように目に見える姿です。つまり将来会社がどのような姿になるかを描いたものです。ミッションとは映画の『ミッション：インポッシブル』からも想像できるように「使命」、つまり「会社が社会の中で果たすべきこと」です。たとえば「世界文化の進展」などです。

経営戦略とは

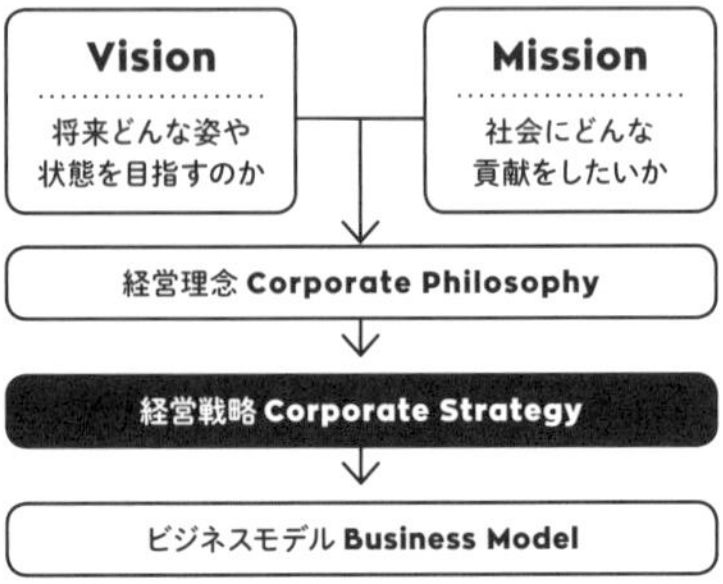
Vision
将来どんな姿や
状態を目指すのか
Mission
社会にどんな
貢献をしたいか
経営理念 Corporate Philosophy
経営戦略 Corporate Strategy
ビジネスモデル Business Model

ビジネスモデル＝企業がいかにして売上を上げて
利益を生み出すか、というもうけの仕組み

企業は利益を出すことは当然求められますがそれだけではありません。社会の中のさまざまな課題を解決していくための存在なのです。特に近年社会的な存在としての企業の意義が重要性を増し、**マイケル・ポーター**教授が提唱する**CSV**㉜という概念が注目を集めています。日本では従業員を酷使する企業を「ブラック企業」と呼び流行語になっていますが、そうした企業はやがて人々から見放されていくでしょう。近年のソーシャルメディアなどの普及に伴い「人々が企業を評価する」時代になってきたのです。その意味でも経営理念は最も大切なものといえます。

企業は経営戦略、経営理念に基づき**「ビジネスモデル」**を構築します。ビジネスモデルとは「企業がいかにして利益を生み出すかというもうけの仕組み」です。

ポイント

「経営理念・経営戦略・ビジネスモデル」の関係をしっかりと把握しましょう。

Key person

マイケル・ポーター（1947〜）
アメリカの経営学者、ハーバード・ビジネス・スクール教授。主な著書に『競争の戦略』、代表的なフレームワークに「ファイブフォース分析」など。
写真：Newscom／アフロ

右ページの図で３つの関係をしっかり覚えましょう！

2 全社戦略・事業戦略・機能別戦略

Corporate Strategy, Business Strategy, Functional Strategy

経営戦略の種類を把握する

企業の経営戦略には以下の3つのレイヤー（層）があります。

①**全社戦略**＝企業全体の戦略です。複数の事業を行っている場合にどのようにヒト・モノ・カネなどの資源を有効活用して競合企業と戦っていくのかを決めるものです。全社戦略を経営戦略と呼ぶこともあります。

具体的には、どの市場で戦っていくのか（**事業ドメインの設定**㉑）や、どの事業に注力しどの事業から撤退するべきか、限られた自社の資源をどのように分配するべきか（**PPM**㉕）、新規事業への進出、**プラットフォーム戦略**®㉘など企業全体の方向性を決めていきます。

②**事業戦略**＝企業活動の中の個別の事業について競合企業と

Link
全社戦略
➡ P95

経営戦略の種類

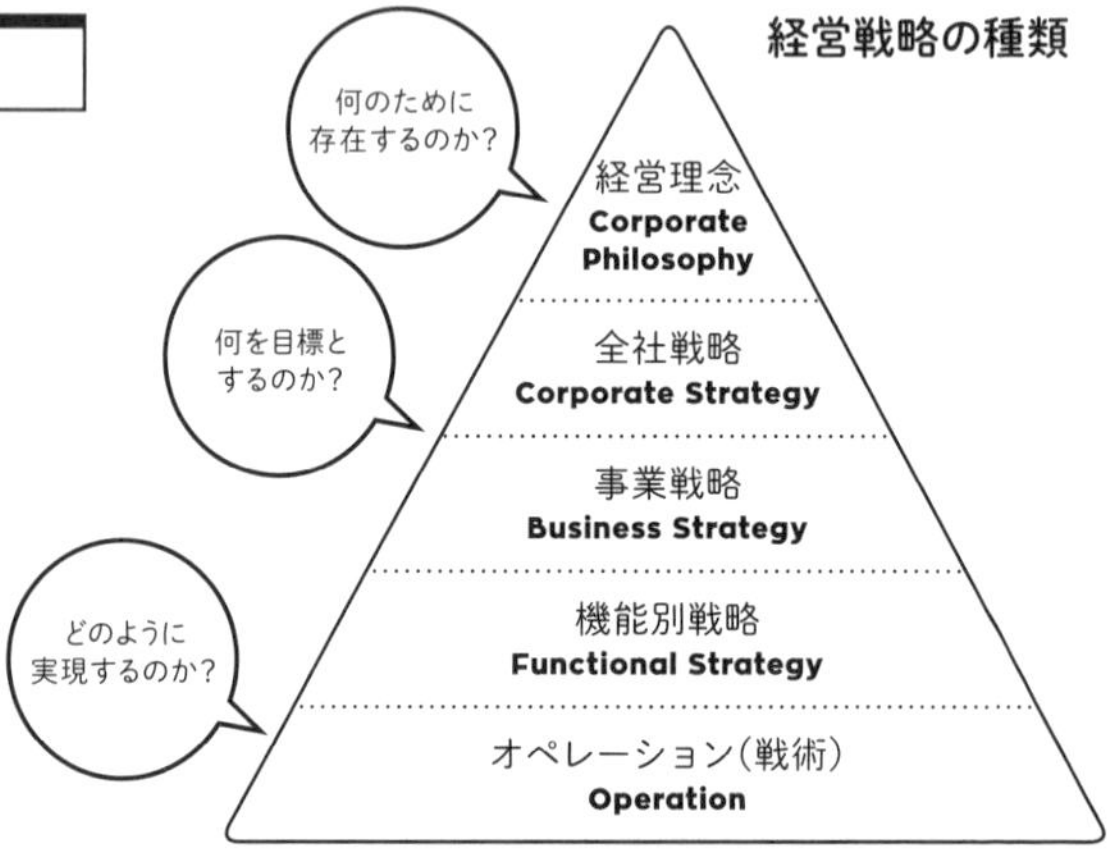
何のために存在するのか？
何を目標とするのか？
どのように実現するのか？
経営理念
Corporate Philosophy
全社戦略
Corporate Strategy
事業戦略
Business Strategy
機能別戦略
Functional Strategy
オペレーション（戦術）
Operation

どのように戦っていくかを決めるものです。

具体的には、**差別化・コストリーダーシップ・集中**㊵のいずれを取るのか。**ネット・プロモーター経営**㊺、**タイムベース競争**㊼など、第5章で説明する内容などが検討されます。

③**機能別戦略**＝企業にはさまざまな組織を横断する機能がありますが、それらの機能別に戦略を考えるものです。

具体的にはマーケティング戦略、技術戦略、生産戦略、組織戦略、財務戦略など第6章で説明する内容です。

なお現場での行動計画などのオペレーション（運営・業務）は戦略ではなく「**戦術**（Tactics）」です。戦略は大局的かつ長期的、戦術は部分的かつ短期的なものといえます。

ポイント

全社戦略・事業戦略・機能別戦略、3つの戦略の整合性を取ることが重要です。

Link
機能別戦略
➡ P163

Link
事業戦略
➡ P135

まずは現状を客観的に正確に把握することが大切です。誤った現状認識では正しい戦略を構築することはできないからです。

3 戦略論の5つの分類と戦略サファリ

Grouping of Corporate Strategies and Strategy Safari

ざっくりと理解する経営戦略論の歴史

実際の企業において使われている戦略論は、方法論によって①と②に分類できます。

①**「戦略計画学派（プランニング学派）」**：戦略とはトップが決めてそれに従うべきとする考え方で1960年代に広がりました。

②**「創発戦略学派（エマージェンス学派）」**：戦略とは現場やミドルマネジメントが現実の状況に応じて考え、トップとの相互作用によって策定するものだとする考え方で、1970年代から広がりました。創発戦略学派は本書で説明するフレームワークなども否定します。なぜならば事前に戦略は策定されないとするからです。

一方で戦略計画学派は視点の違いから大きく③④の2つに分類できます。

Book

『競争の戦略』
M・E・ポーター著
詳細は137ページへ。

戦略論の5つの分類

①	戦略計画学派 **The Planning School**
②	創発戦略学派 **The Emergence School**
③	ポジショニング学派 **The Positioning School**
④	リソース・ベースト・ビュー **Resource Based View**
⑤	その他 **Others**

③**「ポジショニング学派」**：業界ごとに収益性が異なるため、企業は「もうかる業界」で「競争優位なポジションを取る」ことが戦略だとします。マイケル・ポーターなどが１９８０年代から主張し、経営戦略の主流になった考え方です。

④**「リソース・ベースト・ビュー（資源学派）」**：人と組織に根ざした強みこそ最も模倣困難なものであり、企業は自社の強みである**コア・コンピタンス**㉒を生かして戦うべきだとしました。１９９０年代から大きな支持を得て、ジェイ・B・バーニーやゲイリー・ハメルなどが中心となっています。

⑤**その他、最新戦略論**。２０００年以降急激な企業環境の変化に伴いさまざまな戦略論が群雄割拠しています。たとえばゲーム論的なアプローチや**プラットフォーム戦略**®㉘、**デザイン思考**㊱などです。

ポイント

１９６０年代から現在まで、経営戦略の大きな枠組みを把握しましょう！

Book

『戦略サファリ 第2版』
ヘンリー・ミンツバーグ他著
経営戦略論の分類についての大著で、10のスクール（学派）に分けて解説。

Book

『企業戦略論（上）（中）（下）』ジェイ・B・バーニー著
詳細は91ページへ。

次のページの『戦略サファリ』で、戦略論の分類を詳しくみていきましょう。

［第05学派］**The Cognitive School**
コグニティブ・スクール

キーワード
認知心理学

代表的な論者
ハーバード・サイモン

概要
認知心理学を応用しており、戦略形成は、戦略家の心の中（mind）で起こる認知プロセスであり、それが、環境変化への対応を決定しパースペクティブ（将来像）として出現するとする。

［第06学派］**The Learning School**
ラーニング・スクール

キーワード
コア・コンピタンス、組織学習、知識創造

代表的な論者
ゲイリー・ハメル、C・K・プラハラード、ピーター・センゲ、野中郁次郎

概要
戦略の形成は、リーダーを含む集団として学習するプロセスをつくることであり、最終的に戦略策定と戦略実行の境界の区別をなくさなければならない。集団学習はまず行動から始まり、そして回顧し、思考が刺激され、新たに行動の意義づけが行われていく創発的な形をとる。

［第07学派］**The Power School**
パワー・スクール

キーワード
政治力、アライアンス、コーペティション

代表的な論者
グレアム・アリソン、J・フェッファー&G・R・サランシク、A・M・ブランデンバーガー&B・J・ネイルバフ

概要
戦略形成は、組織内でも既得権を持つ勢力や外部環境においては政治との交渉が必要となる。ミクロ・パワーは、政治ゲームの中での説得や交渉、直接対決を通じた相互作用の結果として戦略形成をとらえるもの。マクロ・パワーは、他の組織とのネットワークやアライアンスによる戦略によって達成される。

［第08学派］**The Cultural School**
カルチャー・スクール

キーワード
資源、マッキンゼーの7S

代表的な論者
エリック・レンマン、リチャード・ノーマン

概要
戦略形成は、組織のメンバーによって共有される信念や理解に基づいており組織の歴史によって形成されてきた集団的な意図に基づくものである。

［第09学派］**The Environmental School**
エンバイロメント・スクール

キーワード
組織エコロジー、条件適応

代表的な論者
M・T・ハナン&J・フリーマン、D・S・プー

概要
外部環境が戦略を規定し、組織はあくまでも環境に従属する受動的な存在にすぎない。企業の戦略は、環境を把握し、組織がそれに正確に順応することである。「最も大きく、最もパワフルな組織であっても、長期にわたって生き残ることはできない」とする。

［第10学派］**The Configuration School**
コンフィギュレーション・スクール

キーワード
組織は戦略に従う

代表的な論者
アルフレッド・チャンドラー、ヘンリー・ミンツバーグ

概要
コンフィギュレーション学派はすべての学派を包括する考え方。すなわち組織は最も環境に適合したコンフィギュレーション（特徴や行動に一貫性のある集団の意）をとると考える。そして組織は環境の変化に応じて、変革（トランスフォーメーション）により、あるコンフィギュレーションから別のコンフィギュレーションへと移行するとする。

経営戦略
戦略的思考
外部環境と内部環境
全社戦略・成長戦略
事業戦略
機能別戦略
戦略実行

『戦略サファリ』の10スクール(学派)

[第01学派] デザイン・スクール
[第02学派] プランニング・スクール
[第03学派] ポジショニング・スクール
[第04学派] アントレプレナー・スクール
[第05学派] コグニティブ・スクール
[第06学派] ラーニング・スクール
[第07学派] パワー・スクール
[第08学派] カルチャー・スクール
[第09学派] エンバイロメント・スクール
[第10学派] コンフィギュレーション・スクール

[第01学派] **The Design School**
デザイン・スクール

キーワード
SWOT分析

代表的な論者
フィリップ・セルズニック、ケネス・R・アンドルーズ

概要
戦略形成は、意図された計画的なプロセスであり、完全に合意されてから実行される。戦略は簡潔だが独自性がなければならない。CEO(最高経営責任者)が唯一の戦略家であり責任を負う。規範的な戦略マネジメントの中心的概念である「外的可能性と内的能力の適合」という概念を開発し、他の学派が発展する基礎を築いた。

[第02学派] **The Planning School**
プランニング・スクール

キーワード
成長ベクトル、多角化戦略

代表的な論者
イゴール・アンゾフ

概要
戦略計画は戦略プランナーが行い、数量データを重視し、形式的なプロセス、分析によって作成する。

[第03学派] **The Positioning School**
ポジショニング・スクール

キーワード
PPM、ポーターのファイブフォース分析、ポーターの3つの基本戦略、バリューチェーン分析、経験効果

代表的な論者
マイケル・ポーター、孫子、クラウゼヴィッツ

概要
SCPパラダイムに基づき産業構造が戦略を規定するものであり、戦略が組織構造を規定する。したがって重要な戦略は、市場におけるポジションの確立である(SCPパラダイムとは、市場構造などが企業業績を決定するという考え方。市場構造=structure、企業行動=conduct、業績=performanceの頭文字をとったもの)。

[第04学派] **The Entrepreneurial School**
アントレプレナー・スクール

キーワード
イノベーション、起業家

代表的な論者
ヨーゼフ・シュンペーター

概要
戦略はリーダー個人によるリーダーの経験や直感に基づくもの、ビジョンは順応性を持つため、起業家の戦略は計画的でありながら、創発的でもある。ニッチ戦略を取る傾向がある。

4 経営戦略論の歴史

History of Corporate Strategy

2500年もの戦略の歴史を概観する

①紀元前〜1900年代 軍略の時代

紀元前から現代に至るまで人間の歴史とともに存在してきたのが戦争です。そんな戦時に使われていた「**軍略**」は、ビジネスにおける経営戦略と共通点があります。正確にいえば、その解釈によって、ビジネスに大いに生かすことができるのです。

孫子の兵法／紀元前500年頃

The Art of War

孫子の兵法㊳は約2500年前、中国の春秋戦国時代に存在した斉の国に生まれ、呉の将軍となった**孫武**によるとされる13篇《へん》から成る最古の兵法書です。ナポレオン、ビル・ゲイ

Key person

孫武（紀元前535年頃〜？）
斉（現在の中国山東省周辺）生まれ。呉王である闔《こう》閭《りょ》の下で将軍となり、各地を転戦した。晩年は不明。『三国志』に登場する孫権は子孫という説もある。

ツ、松下幸之助、アメリカ国防省などでも愛読されている書物として知られます。内容の多くは戦争での戦い方ですが、ビジネスの世界にも通じると解釈できるものが数多くあり、さまざまな人が独自の解釈を行っています。ここではビジネスへのヒントとなるポイントをいくつかご紹介しましょう。

▼戦争は国家の一大事であり事前に十分な検討が必要であり、大義名分があり人民の賛成が得られ、正しいタイミングで、有利な場所を選び、有能なリーダーの下、チーム一丸となる軍かどうかをよく検討する必要がある。部下への指令は明確にせよ

▼戦争は長期ではなく短期決戦とすべきであり、それは手段であって目的ではなく本来政治が解決するべきものだ

▼戦争とはだますことだ。敵を慢心させ敵の弱みを突くことによって兵力で負けていても勝つことができる

▼スパイを使って情報を入手せよ。敵のスパイも味方にしてしまえ。ウソの情報を敵に流すことで混乱させることができる

孫子の兵法は、計篇、作戦篇、謀攻篇、形篇、勢篇、虚実篇、軍争篇、九変篇、行軍篇、地形篇、九地篇、用間篇、火攻篇の13篇から成ります。前半が戦争に関する概論、後半が各論です。

Book

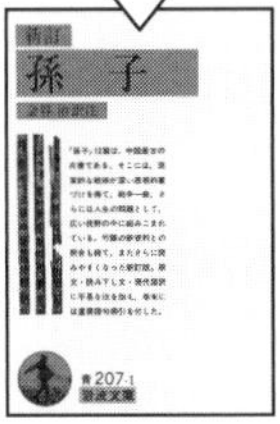
新訂
孫子
青207-1
岩波文庫

『新訂 孫子』
金谷治氏の訳により2000年に新訂された「孫子の兵法」。原文、読み下し文、現代語訳に平易な注付き。巻末には便利な重要語句索引もある。

▼戦略は臨機応変に変更するべきだ
▼敵を知り自分を知ることが重要だ。できれば戦争などしないで「戦わずして勝つこと」が一番だ。たとえ戦争に勝っても、その目的を達成できなければ、負けたのと同じである
▼怒りにまかせて軍事行動を起こしてはならない。有利な状況でなければ動かず、必勝の作戦しか用いず、よほどのことがない限り戦わない
▼政治、地の利をうまく利用すれば、敵味方を一体化することができる
▼兵士を赤ん坊のわが子のように愛さなければ、兵士はリーダーと生死をともにしようとは思わない
▼兵士は死地に追い込んで戦わせることで全力を出す
▼敵を囲むときは逃げ道をつくり窮地に追い込んではいけない
▼情報戦線こそ戦いの要であり軍はこれによって動く

孫子の兵法は2500年も前に書かれたものとは思えないほど、人と人との関係を言い表しています。

内容の多くは戦争を前提としたものですが、上記の言葉をビジネスや職場に置き換えて考えてみましょう。

クラウゼヴィッツの『戦争論』／1832年

Carl von Clausewitz "On War"

カール・フォン・クラウゼヴィッツはナポレオン戦争にプロイセン軍の将校として参加した軍人です。死後発表された**『戦争論』**はその後の西欧における戦略本のバイブルとなりました。ここではその内容をいくつかご紹介しましょう。

▼指揮官は困難な戦況や惨状に自分自身が耐え、部下にも耐えさせねばならない。将帥自身の勇気が将兵の勇気を鼓舞《こぶ》するのに十分でなければならない

▼戦争において克服しなければならないのは重圧であり、それは軍の規模が大きくなるにつれて、また指揮官としての地位が高くなるに従って増大する

▼強い精神とは、いかに激しい興奮のさなかにあっても、決して均衡《きんこう》を失わないこと

▼戦争に必要な知識は極めて簡略であるが、この知識を実行に移すことは容易でない。知識は行動の能力とならねばな

Book

『戦争論』
クラウゼヴィッツ著
戦争の原型と本章を見極めた名著。「戦争は政治の手段に他ならない」という観点で、近代戦を分析。日本では1968年に岩波書店から上中下巻で発行。

Key person

クラウゼヴィッツ
(1780〜1831年)
プロイセン王国（現在のドイツ北部からポーランド）出身。ナポレオンをはじめ、多くの軍人、研究者などに影響を与えた。

らない

▼軍の精神を培う源泉は、勝利を重ねることと極度の困苦を経験することであり、それによって優れた精神を生み出すことができる

▼指揮官の洞察力と知性は、地位の高さに比例して増大するものではない。地位が高まるにつれて無能となる者がいる。単純で勇敢なだけでは将帥にはなれない

▼予期しないことに直面したら素早く心を平静に戻す

▼勝者には、勝敗の決定が迅速であればあるほど都合がよい

▼人生において最も重要なことは、物事を把握して判断するための立場を確立し、これを保持することである

▼戦争計画を立案する場合、まず敵の重心をいくつか見つけ出し、可能であればこれをひとつに絞り、その重心に振り向ける戦力をひとつの主要な行動に統一する

▼最初の一歩を踏み出すときに最後の一歩を考慮せよ

クラウゼヴィッツの『戦争論』を読むと、ビジネスが戦いと同義であると強く感じます。特に組織の考え方は参考になるでしょう。

紀元前から1900年代まで
その他の主な戦略家

▼アレキサンダー大王
▼ニコロ・マキアヴェリ『君主論』
▼ナポレオン・ボナパルト
▼黒田官兵衛
▼ベイジル・リデル・ハート

『戦争論』は軍略をはじめて体系的にまとめた書物なので、現在でもヨーロッパを中心に根強い人気があります。

②1900年頃〜1930年代 経営学の誕生

18世紀後半から19世紀前半にかけて生産活動の機械化・動力化、工場制の普及、産業資本家層と工場労働者の階層の誕生など農村社会から資本主義的工業社会への大転換、すなわち産業革命が起こりました。

当時はつくれば売れる時代だったので成功の鍵は資本力があるかどうかでした。やがて工場での劣悪な労働環境から産業資本家層と工場労働者の階層間の争いが激しくなります。産業革命から約100年後に誕生したのがテイラーの科学的管理法で、現代の経営学や生産管理論の基礎となりました。

テイラーの『科学的管理法』の原理／1911年

Frederick Taylor "Scientific Management"

科学的管理法は、**フレデリック・テイラー**が20世紀初頭に提唱した労働者管理の方法論です。テイラー・システムとも呼ばれます。テイラーは労働者と原材料などの経営資源をい

Key person

フレデリック・テイラー（1856〜1915年）

アメリカ、フィラデルフィア生まれ。ハーバード大学法学部に合格するが、目の病のため機械工見習いとなる。ミッドベール・スチール社で工場の改革にのぞみ、機械工学の修士号を取得。1899年からはベスレヘム・スチール社に移り、多くの実績を残した。

Book

『経営戦略の巨人たち──企業経営を革新した知の攻防』ウォルター・キーチェル三世著

企業経営に革命をもたらした経営戦略における知識人たちの歴史を網羅した一冊。

かに組み合わせれば生産性がより高まるのかを鋳物工場で調査し、分業と協業による科学的管理法を確立しました。

　それまでは一人で何工程も担当していた工場工程を、ライン生産方式にすることによってコストを10分の1以下にまで改善することに成功し、作業効率の向上と賃金の増加をもたらしました。

　また、20世紀初頭にフォードがベルトコンベヤーを導入することで分業化、流れ作業化を実現し**T型フォード**を開発。世界初の量産化に成功しました。黒一色のみですが壊れにくく、比較的低価格だったため、広く普及しました。

ファヨールの『産業ならびに一般の管理』／1917年

Jule Henri Fayol "General and Industrial Management"

　フランスの鉱山会社の経営者だった**ファヨール**は企業活動を技術・商業・財務・保全・会計・経営管理の6つに分類し経営管理の重要性を説きました。さらに経営管理とは計画・組織化・命令・調整・コントロールを繰り返すことだとしました。それらはポーターの**バリューチェーン分析**41、PDCA76に通じる思想といえます。

Key person

ジュール・アンリ・ファヨール（1841～1925年）
フランスの鉱山技師、地質学者、経営者、経営学者。テイラーと並び、経営管理論の祖として知られる。倒産寸前の会社の再建なども行っていた。

Keyword

T型フォード（Model T）
アメリカのフォード社が1908年に発売を開始したモデルで、世界で普及した。科学的管理法をいち早く取り入れて成功した例。

© Three Lions / Getty Images

Book

『科学的管理法』
フレデリック・W・テイラー著
テイラーの実践的研究を基にした、マネジメント手法を紹介。

メイヨーのホーソン実験／1927年

Hawthorne Experiments by George Elton Mayo

電話機メーカーのホーソン工場での実験の結果、生産性は労働者の集団心理的側面すなわち感情、モチベーション、プライド、職場の人間関係、信頼関係、対話によって大きな影響を受け、注目されることで生産性が上がったことを**メイヨー**は科学的に実証しました。

人間は機械ではないということを明らかにしたもので、現代のリーダーシップ論や人的資源管理に通じるものです。

バーナードの『経営者の役割』／1938年

Chester Irving Barnard "The Functions of the Executive"

アメリカの電話会社の社長だった**チェスター・バーナード**は組織をシステムであるとし、組織が有効に機能するために重要な3つは①組織の目的の共有、②協働意志（モチベーション）、③コミュニケーションだとしました。テイラーと並んで経営学の基礎をつくった人物としてしられます。

Book

『経営者の役割』
C・I・バーナード著
組織をシステムとし、経営者でありながら経営学者として賞賛されたバーナードが著した、経営組織の基礎理論を確立した名著。

Key person

ジョージ・エルトン・メイヨー
(1880〜1949年)
オーストリア出身の文明評論家。1926年から1947年までハーバード・ビジネス・スクール所属。1924年から8年間行われたホーソン実験で、人間関係論を構築、それまで主流だったテイラーなどの科学的管理法を批判した。

③1960年代 経営戦略論の誕生

第二次大戦後、勝利したアメリカは1961年にジョン・F・ケネディ大統領が誕生し、1960年代、黄金期を迎えます。当時のアメリカは世界の工場として大量生産・大量消費を謳歌《おうか》し世界中から優秀な人材や資本を集めていました。アメリカは誰でもが勤勉と努力によって成功を勝ち取ることができる夢の国となり、そこにはアメリカン・ドリームがあったのです。

当時の経営の課題は、ヒトや資源などの経営資源をいかに効率化するかなど企業内部の問題すなわち**経営管理**（Management Control）が中心でした。しかし次第に市場が飽和してくると、さらなる成長のための新規事業や新市場の開拓、長期の戦略が重要性を増してきました。

経営の課題が企業内部のマネジメントから企業外部での戦い方や長期的な将来戦略を考えることに変わってきたのです。

こうして**経営戦略論**（Strategic Management）が誕生しました。

アンゾフの3Sモデル

①戦略　Strategy
②組織　Structure
③システム　System

1960年代になり、内部（経営・管理）から外部（経営戦略論）へ企業の関心が移っていきます。

アンゾフの『企業戦略論』／1965年

Igor Ansoff "Corporate Strategy"

アンゾフは**シナジー**の概念や**成長ベクトル**㉔を提唱したことで有名ですが、はじめて長期的な、市場における競争戦略の概念を提唱し戦略の構築や戦略的意思決定の体系的な手法を提示しました。

アンゾフの組織における意思決定モデルは、戦略（Strategy）―組織（Structure）―システム（System）の**3S**モデルとして知られています。さらにアンゾフは戦略的要素として以下の4つのポイントを挙げました。

①製品・市場分野：企業がどの事業や製品に力を入れていたのかを正しく理解すること
②成長ベクトル：どうすれば成長できるかを探究するための方法。具体的にはシナジー、アンゾフ・マトリックス
③競争環境の理解と優位性：企業が競争優位を可能にするには自社の強みと競争環境の理解が必要だということ
④シナジーの追求：単純な和よりも全体が大きくなること

Book

『アンゾフ 戦略経営論 新訳』
H・イゴール・アンゾフ著
詳細は103ページへ。

Key person

イゴール・アンゾフ
（1918〜2002年）
ロシア、ウラジオストク生まれ。1963年からアメリカ、ピッツバーグのカーネギー工科大学の教授に就任。1957年に発表した製品—市場マトリックスで、「経営戦略の父」とも呼ばれる。

チャンドラーの『組織は戦略に従う』／1962年

Alfred Chandler "Strategy and Structure"

組織と戦略は密接な関係にあることを説いた**組織は戦略に従う**74で有名なアルフレッド・チャンドラー・ジュニアはハーバード・ビジネス・スクールの経営史の教授で、事業部制をはじめて提唱したことでも知られます。すなわち多角化や新規事業に進出する際の組織はその戦略に合わせて設計すべきであると提唱しました。

それは本社の企画部門などの機能部門がすべてを決めるのではなく「事業部制」にすべし、という気運を生み出しコンサルタントたちによって広く導入されていきました。

MBAや戦略コンサルティング会社の勃興／1960年代

Master of Business Administration

MBAは、経営について学ぶ職業訓練的な大学院レベルの修士課程で19世紀末に誕生しました。その後朝鮮戦争などによりマネジメント層の速成が必要とされるようになりこの時代から急速に需要が拡大していきました。そしてMBAを取

Book

『組織は戦略に従う』
アルフレッド・D・チャンドラーJr.著
詳細は223ページへ。

得した優秀な学生たちを受け入れて急成長したのが戦略コンサルティングファームと呼ばれる**マッキンゼー・アンド・カンパニー**や**ボストン・コンサルティング・グループ（BCG）**です。

マッキンゼーは1926年にジェームズ・マッキンゼーにより設立されましたが1950年から代表を務めたマービン・バウワーによって戦略コンサルティング・ファームとしての地位を高めていきました。

それまではコンサルティングといえばグレイヘア（白髪のベテラン経営者など）による経験と人脈による企業へのアドバイスでしたが、バウワーは若く優秀なMBA卒業生がデータ分析を基に経営アドバイスを行う新しいコンサルティングスタイルを確立し急成長しました。

BCGが誕生したのは1963年。ブルース・ヘンダーソンや、ジェームズ・アベグレンらによって設立されました。経営戦略論でもこうしたコンサルタントや学者による新しいフレームワークが次々と提唱されるようになってきます。

Company

マッキンゼー・アンド・カンパニー

McKinsey & Company, Inc.
世界60カ国に105の支社を持つ戦略コンサルティングファーム。日本では大前研一氏などを輩出したことでも知られる。

Book

『マッキンゼーをつくった男 マービン・バウワー』エリザベス・イーダスハイム著
世界的コンサルティング・ファームがいかにしてつくられたかがわかる貴重な一冊。

Company

ボストン・コンサルティング・グループ

Boston Consulting Group
世界45カ国に81の支社を持つ戦略コンサルティングファーム。日本では内田和成氏などを輩出したことでも知られる。

SWOT（強み／弱み／機会／脅威）分析／1965年

SWOT Analysis

SWOT分析[18]は経済学者のヘンリー・ミンツバーグが提唱したもので、強み（Strength）、弱み（Weakness）、機会（Opportunity）、脅威（Threat）の4つのカテゴリーで分析するフレームワークです。

広く知られるようになったのは、ハーバード・ビジネス・スクールのケネス・R・アンドルーズ教授らが1965年に発行した書籍『ビジネス・ポリシー』（"Business Policy: Text and Cases"）からだといわれています。

ボストン・コンサルティング・グループのフレームワーク

Frameworks of BCG

BCGは1960年代から新しいフレームワークを提唱し、その多くが同社の成長に貢献しました。

具体的には **経験効果**[67]、成長・シェアマトリックスとも呼ばれる**PPM**[25]、**アドバンテージマトリックス**[43]、**タイムベース競争**[47]、最近では**アダプティブ戦略**[34]などがあります。

BCG戦略コンセプトの変遷

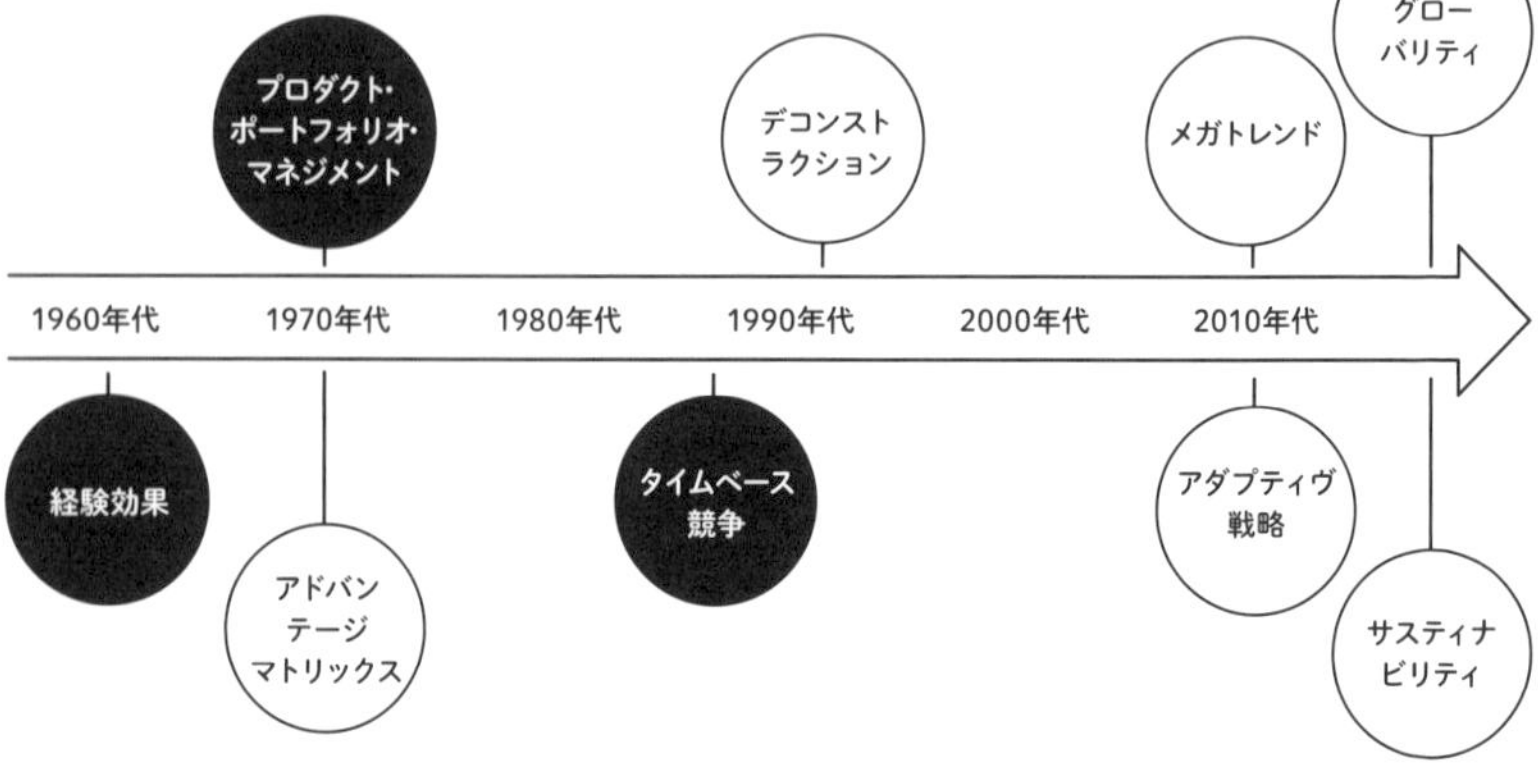

④1970年頃〜1980年代 マーケティング・競争戦略論の誕生

1970年頃から1980年代にかけてマーケティング、競争戦略という概念が注目を集めてきます。これは73年と79年の2度のオイルショックで世界的な低成長時代に突入し、大量生産の時代のプロダクトアウトから、マーケットのニーズから事業戦略を構築するというマーケットインの考え方への方向転換の必要性が高まったためであり、一方で限られたパイを奪っていかに競争に打ち勝って成長するかという競争戦略に注目が集まるようになりました。

そして大御所の**ドラッカー**、**コトラー**が登場します。

ピーター・ドラッカー／1973年

Peter Ferdinand Drucker "Management"

ドラッカーはマネジメントの概念を世に広めた世界的な思想家・文筆家です。マネジメントを経営管理ではなく戦略をも内包する一段高いものとしてとらえ、経営の本質はマーケ

日本でもおなじみのドラッカーはマネジメントの概念を広めました。

ティングとイノベーションだとしました。企業の目的は顧客の創造である、組織とは個人が自己実現するための手段である、企業は社会などの公益のためにあるなど数々の名言がありますが、ここではその一部をご紹介しましょう。

▼マネジメントは、事業に命を与える存在である

▼今日最強の企業といえども、未来に対する働きかけを行っていなければ苦境に陥る。企業家にひらめきはいらない

▼リーダーに求められるのはスキルの向上だけではなく真摯《しんし》さだ

▼上司たる者は、組織に対して、部下の強みを可能な限り生かす責任がある。自らの強みに集中すべきであり、不得手なことの改善にあまり時間を使ってはならない

コトラーの『マーケティング・マネジメント』／1967年

Philip Kotler "Marketing Management"

コトラーは近代マーケティングの父といわれるマーケティングの大家です。顧客のセグメンテーション・ターゲティング・ポジショニングのSTP 50 やマーケティングの4P 51 を

Key person

ピーター・ファーディナンド・ドラッカー
(1909〜2005年)
オーストリア・ウィーン生まれ、ユダヤ系オーストリア人。『経営者の条件』『プロフェッショナルの条件』『現代の経営』など、代表作多数。

Book

『マネジメント［エッセンシャル版］──基本と原則』
ピーター・F・ドラッカー著
初心者向けにドラッカーのエッセンスをまとめた入門書。

Key person

フィリップ・コトラー
(1931年〜)
現在はアメリカのノースウェスタン大学ケロッグ経営大学院SCジョンソン特別教授。大著『マーケティング・マネジメント』の他、『コトラーのマーケティングコンセプト』『コトラーのマーケティング3.0』など著作多数。

広く普及させたことで知られます。またコトラーはマーケット上の自社のポジションによってとるべき戦略パターンを①マーケットリーダー、②マーケットチャレンジャー、③マーケットフォロワー、④マーケットニッチャーの4つに分類[42]して、戦い方はそれぞれ異なり、またそれだけで決まる、と提唱しました。

創発戦略学派のミンツバーグ／1970年代

Emergent School by Henry Mintzberg

ミンツバーグは70年代から企業経営は本来、非定型で、不確実なものであり、大きな方針だけ決めてとりあえず行動して後から修正を加えていく創発型（エマージェンス学派）こそが現実的な経営戦略だと主張しました。

たとえば、戦略の成功例として語られた「アメリカでのホンダ・スーパーカブの成功」。これはたまたまホンダの社員が乗っていたものに人気が出たのが真実で、事前の戦略などなかったという話が有力です。

Book

『コトラー&ケラーのマーケティング・マネジメント第12版』フィリップ・コトラー他著

詳細は144ページへ。

Key person

ヘンリー・ミンツバーグ
（1939年〜）
カナダのマギル大学経営大学院クレゴーン記念教授、およびINSEADの組織理論学教授。『戦略サファリ』などで有名。

⑤1980年代
競争戦略の時代

この時代の中心は、経営戦略界の大スターでありハーバード・ビジネス・スクールの看板教授でもある**マイケル・ポーター**。企業はもうかる業界に出るかどうか、そこでのポジションによって競争優位が決まるとするポジショニング学派の中心人物です。

ポーターの『競争の戦略』と『競争優位の戦略』／
1980、1985年
Michael Eugene Porter "Competitive Strategy" & "Competitive Advantage" ——

ファイブフォース分析39、**3つの基本戦略**40、**バリューチェーン分析**41、最近ではCSV32など数多くの理論を提唱している、**ポーター**の代表的著作がこの2冊です。

ポーターは元々経済学者で産業組織論を研究していましたがそれを経営学に適用しました。産業組織論とは業界の生産性について統計的・実証的に分析する経済学の分野ですが、産業ごとに競争環境と競合状況を分析することでその業界の

Book

『競争優位の戦略 —— いかに高業績を持続させるか』
M・E・ポーター著
詳細は139ページへ。

Link
マイケル・ポーター
➡ P19

収益性が決まるのであるから、企業は市場の分析や競合分析を行ってもうかりそうな業界に進出するべきだと主張したのです。

さらに企業がとるべき戦略は「コストリーダーシップ」戦略、「差別化」戦略、「集中」戦略の**3つの基本戦略**❹⓪しかない、と主張しました。「コストリーダーシップ」戦略は、低コストを実現することで競争優位を築く戦略。「差別化」戦略は独自の製品・サービスで差別化を図る戦略。「集中」戦略は特定の製品コストを集中的に削減する「コスト集中」と、特定の製品を徹底的に差別化する「差別化集中」の2種類があります。

また、**バリューチェーン分析**❹①というフレームワークを提示して自社組織の機能分析の必要性も説きました。つまりポーターは外部環境分析だけで自社のポジションを決めるのではなく、自社の組織や経営資源などの内部分析も含めて有利なポジションを決定できると考えています。

これらの理論は非常にわかりやすく使いやすかったこともあり経営者から絶大な支持を得ることとなったのです。

マイケル・ポーターは、企業戦略のみならず国家戦略に関してもさまざまな研究をしています。

ポーターの3つの基本戦略

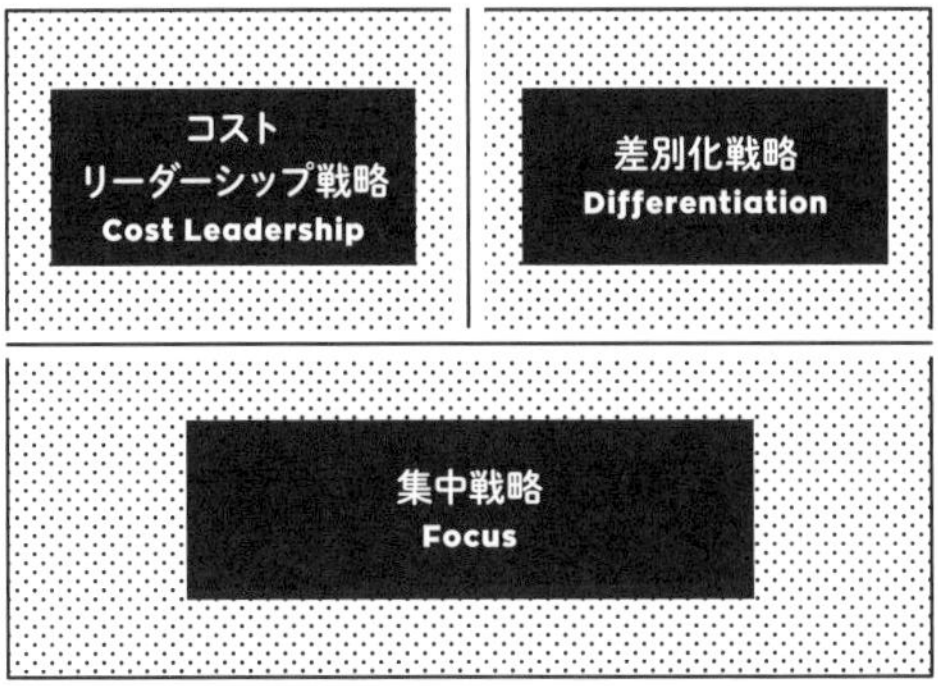
コスト
リーダーシップ戦略
Cost Leadership
差別化戦略
Differentiation
集中戦略
Focus

⑥1990年代以降 リソース・ベースト・ビューと組織論の台頭

1980年代、企業はもうかる市場で優位なポジションを取れ、というポーターなどのポジショニング学派が隆盛を極めます。しかし、アメリカ企業の戦略がどこも同じような戦略となってしまい、勢いを失います。一方で、日本企業の躍進もあり次第に「企業は自社の強み、リソース（資源）を生かして戦うべきだ、組織としての戦略の実行力が重要なのだ」という**リソース・ベースト・ビュー派**や**ラーニング学派**といわれる人々への支持が集まります。

すなわち戦略の実行力に関心が移り、人材と組織の重要性に注目が集まりました。

バーニーのリソース・ベースト・ビュー／1990年代

Resource-Based View by J.B. Barney

企業の競争力の源泉はリソース、つまり資金、技術、ブランド、チャネル、人材、組織文化などにあるのだとして、VRIO 20 フレームワークを提唱します。

Key person

ジェイ・B・バーニー

オハイオ州立大学経営学部フィッシャー・ビジネス・スクール企業戦略バンク・ワン・チェアーシップ教授。リソース・ベースト・ビュー発展の原動力となった戦略理論家で、数多くの企業のコンサルティングを行った。

Key person

ゲイリー・ハメル

ロンドン・ビジネス・スクールで戦略論や国際マネジメントを教え、国際コンサルティング会社ストラテゴスを設立。著書の『コア・コンピタンス経営』『リーディング・ザ・リボリューション』は世界的ベストセラーに。

Key person

C・K・プラハラード

（1941〜2010年）

企業戦略論の第一人者として、多国籍企業の企業戦略と経営者の役割について研究を重ねた。ゲイリー・ハメルとの共著『コア・コンピタンス経営』のほか、『ネクスト・マーケット ──「貧困層」を「顧客」に変える次世代ビジネス戦略』もベストセラーに。

ハメルとプラハラードの『コア・コンピタンス経営』／1990年

G. Hamel & C. K. Prahalad "The Core Competence of the Corporation"

ハメルとプラハラードは自社の強さ（コンピタンス）の中でも特に核心《コア》となる強さを**コア・コンピタンス**㉒と命名し、自社の持つ経営資源に根ざした自社の強みを生かす経営戦略が最も有効であると主張しました。その考え方の中核となったのがこの**VRIO**⑳フレームワークと**コア・コンピタンス**㉒という2つの概念です。

また、**マッキンゼーの7S**(75)のほか、トム・ピーターズらのベストセラー『エクセレント・カンパニー』やジム・コリンズの『ビジョナリー・カンパニー』も組織の重要性を指摘し大ベストセラーとなります。

さらにBPR（**ビジネス・プロセス・リエンジニアリング**）㊽、**タイムベース競争**㊼、**SECI**《せき》**モデル**㉛と続きます。

このように1990年代はバーニーを中心とするリソース・ベースト・ビューが台頭し、ポーターのポジショニング

Book

『ビジョナリー・カンパニー――時代を超える生存の原則』ジム・コリンズ他著
アメリカのCEOが認める18社を6年間調査してレポート。

Book

『エクセレント・カンパニー』トム・ピーターズ他著
マッキンゼー出身のトム・ピーターズらが超優良企業で行われていることを追究。

Book

『コア・コンピタンス経営』ゲイリー・ハメル、C・K・プラハラード著
詳細は99ページへ。

派とバーニーのリソース・ベースト・ビュー派の論争は激化していきました。

コンフィギュレーション派のミンツバーグ／1980年代

Configuration School by Henry Mintzberg

その後、「時と場合によってはポジショニング派もリソース・ベースト・ビュー派もどちらの戦略も必要だ」というミンツバーグのコンフィギュレーション派（特徴や行動に一貫性のある集団）が登場します。つまり「戦略は組み合わせるものだ」としたのです。

⑦1990年代後半～2000年代 イノベーションとリーダーシップの時代へ

1990年代後半からは先進国における景気の停滞と発展途上国のGDP（国内総生産）の伸びが顕著になる中で、新たに「**イノベーション**」に注目が集まるようになります。

1997年にハーバード・ビジネス・スクールの**クレイトン・クリステンセン**の『イノベーションのジレンマ』において**破壊的イノベーション**57という概念が提唱され、それまで

Book

『イノベーションのジレンマ――技術革新が巨大企業を滅ぼすとき』クレイトン・クリステンセン著
詳細は179ページへ。

Key person

クレイトン・クリステンセン
（1952年～）
ハーバード・ビジネス・スクールの教授。企業におけるイノベーション研究の第一人者として知られる。2000年にはイノベーションに特化したコンサルティング会社、イノサイト社を共同で設立した。

Link

ヘンリー・ミンツバーク
➡ P41

の大企業ではない別のプレーヤーによって市場を奪われてしまうメカニズムが明らかにされます。

また、**リバース・イノベーション**35など、市場が全世界へと拡大する中で経営戦略も激変する環境変化に対応することが必要とされてきます。

さらに企業の差別化あるいは他社による模倣困難性は、戦略の実行力にあり、それはつまり活躍する人材を生み出す組織（文化）や有能なビジネスリーダーをいかに育てるかが競争力の源泉であるとする考え方に注目が集まります。

ジョン・コッターのチェンジ・マネジメント／1988年

Change Management by John P. Kotter

コッターはリーダーシップとマネジメントは異なり、急激な環境変化に対応しつつ、新しい大きなチャレンジを達成するには変革型のリーダーシップが必要だと主張しました。

そして「リーダーの掲げるビジョン」が最も重要であり、変革を実現するための「**変革の8ステップ**」77を提唱したのです。

Key person

ジョン・P・コッター
ハーバード・ビジネス・スクール松下幸之助冠講座教授。1972年からハーバード・ビジネス・スクールで教鞭をとり、1980年、ハーバード史上最年少の33歳で終身教職権を取得。

Book

『ジョン・コッターの企業変革ノート』ジョン・P・コッター他著
「変革の8段階」の各段階で直面する本質的な問題を掘り下げたリーダーシップ論。

⑧2000年〜
戦略論群雄割拠の時代

2000年代に入りITの進化とともにグーグルやフェイスブック、アマゾンなどアメリカのシリコンバレーを中心として新しい**IT企業**が一躍世界のトップ企業に躍《おど》り出ます。そうした中で注目を浴びてきたのが従来にないイノベーションを生み出す新しいビジネスモデルの構築理論です。

たとえば**ブルー・オーシャン戦略**㉗、**プラットフォーム戦略**®㉘、**フリー戦略**㉚、**アダプティブ戦略**㉞などです。

さらに実際の人間の行動を観察するエスノグラフィー（社会学におけるフィールドワークから社会や集団を調査する手法）を行うことでプロトタイプ（試作品）の作成を行う**デザイン思考**㊱など、試行錯誤のプロセスを重視する考え方が台頭してきています。

グーグルやP&Gで成功している**A／Bテスト**（A／Bスプリットランテスト）はインターネット上で2つの案を実際に試してみて反応のよい方法を採用する手法で、近年注目を浴びています。

Keyword

A/Bテスト

異なるパターン・テイストのウェブページを2つ用意し、ユーザーに利用させてみることで効果を比較するテスト。デザイン、購買への導線など、さまざまなことを測定することができる。

リーンスタートアップの概念
LEAN STARTUP

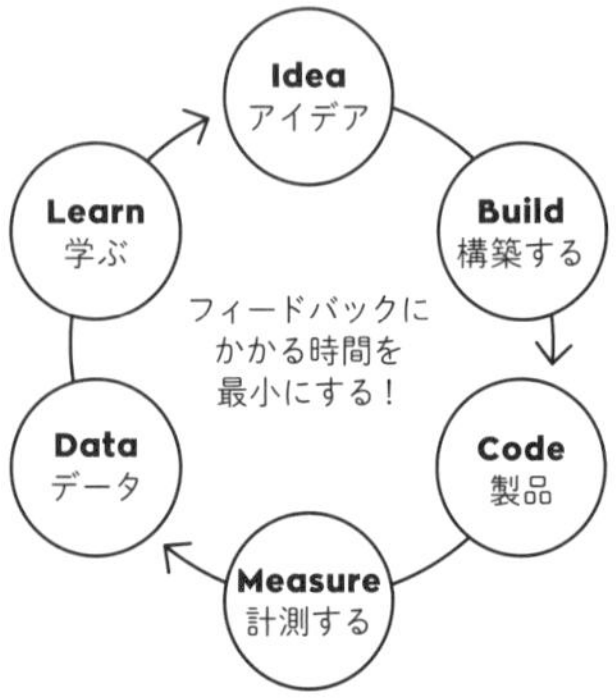

リース『リーンスタートアップ』／2011年

Eric Ries "Lean Startup"

新規事業は、まずアイデアを出してその後は「構築、計測、学習」というサイクルを高速回転することが大切だとします。まずはMVP（Minimum Viable Product）と呼ぶ試作品をつくり、顧客の反応をテストしながら、難しいと判断すれば軌道修正（ピボット）をすることも必要だとしました。なお、リーンとはトヨタの**かんばん方式**59であるリーンマネジメント（「無駄を取り除く」の意味）から取られたものです。

ティール『ゼロ・トゥ・ワン』／2014年

Peter Thiel "Zero to One"

２０１４年に最も注目されたのが「ゼロ・トゥ・ワン」です。ユーチューブ、電気自動車のテスラモーターズなど、そうそうたる企業を立ち上げてきた著者らは、起業家にとって正しい選択は「常識の逆」であるとします。

Book

『リーンスタートアップ』エリック・リース著
シリコンバレーで生まれた注目のマネジメント手法を解説。構築・計測・学習というフィードバックループを通して、顧客も製品・サービスも生みだし育てていく。

Book

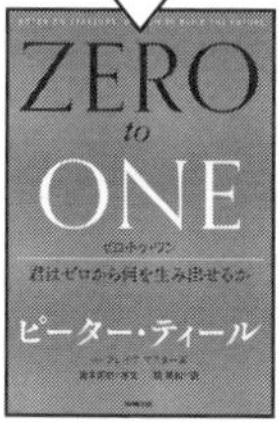

『ゼロ・トゥ・ワン――君はゼロから何を生み出せるか』ピーター・ティール他著
シリコンバレーで絶大な影響力を持つピーター・ティールが、母校スタンフォード大学で行った起業講義録。

Question 05

＿＿＿＿＿戦争に参加したクラウゼヴィッツによる『＿＿＿』も戦略本のバイブルである。

Question 06

経営学が生まれるきっかけとなったのは、イギリスで起こった＿＿＿＿である。労働者管理の方法としてフレデリック・テイラーは20世紀初頭に＿＿＿＿＿＿を提唱した。

Question 07

アンゾフが提唱した3Sモデルとは、英語の頭文字をとって、＿＿、＿＿、＿＿＿＿である。

Question 08

＿＿＿＿＿＿＿＿＿＿は『マーケティング・マネジメント』を著し、マーケティングの概念を広めた。

Question 09

＿＿＿＿＿＿＿＿＿が著した『競争の戦略』は、その代表的な著作のひとつである。

Question 10

ハメルとプラハラードは自社の強さの中で特に核心的なものを＿＿＿＿＿＿＿＿＿と命名した。

Question 11

クリステンセンの『イノベーションのジレンマ』において、大企業ではない別のプレーヤーによって市場を奪われる＿＿＿＿＿＿＿＿＿＿という概念が提唱された。

Question 12

新規事業は「構築、計測、学習」を高速回転することが大切。これを＿＿＿＿＿＿＿＿＿＿と呼ぶ。

Examination

Part 1

「経営戦略」テスト

先人の足跡・歴史を知り
経営戦略について理解を深めよう！

第1章では経営理念・経営戦略・ビジネスモデルの関係から、経営戦略の歴史を概観してきました。特に2500年前から現代まで、経営戦略にはさまざまな種類があることがわかりました。それでは、「おさらい」してみましょう。

＊設問の答えは52ページに掲載しています

Question 01

経営理念は、________と__________の２つに分けることができる。

Question 02

企業の経営戦略には、____戦略、____戦略、____別戦略の3つのレイヤー（層）がある。

Question 03

経営戦略論を10のスクール（学派）に分類した『戦略サファリ』を著したのは、経営学者である____________である。

Question 04

中国の________時代に記された「孫子の兵法」は多くの経営者が信奉している。「______して勝つ」など、ビジネスに応用できるからだ。

Answer
Part 1

Question 01 □ 経営理念は、**ビジョン**と**ミッション**の2つに分けることができる。

Question 02 □ 企業の経営戦略には、**全社**戦略、**事業**戦略、**機能**別戦略の3つのレイヤー（層）がある。

Question 03 □ 経営戦略論を10のスクール（学派）に分類した『戦略サファリ』を著したのは、経営学者である**ミンツバーグ**である。

Question 04 □ 中国の**春秋戦国**時代に記された「孫子の兵法」は多くの経営者が信奉している。「**戦わず**して勝つ」など、ビジネスに応用できるからだ。

Question 05 □ **ナポレオン**戦争に参加したクラウゼヴィッツによる『**戦争論**』も戦略本のバイブルである。

Question 06 □ 経営学が生まれるきっかけとなったのは、イギリスで起こった**産業革命**である。労働者管理の方法としてフレデリック・テイラーは20世紀初頭に**科学的管理法**を提唱した。

Question 07 □ アンゾフが提唱した３Sモデルとは、英語の頭文字をとって、**戦略**、**組織**、**システム**である。

Question 08 □ **フィリップ・コトラー**は『マーケティング・マネジメント』を著し、マーケティングの概念を広めた。

Question 09 □ **マイケル・ポーター**が著した『競争の戦略』は、その代表的な著作のひとつである。

Question 10 □ ハメルとプラハラードは自社の強さの中で特に核心的なものを**コア・コンピタンス**と命名した。

Question 11 □ クリステンセンの『イノベーションのジレンマ』において、大企業ではない別のプレーヤーによって市場を奪われる**破壊的イノベーション**という概念が提唱された。

Question 12 □ 新規事業は「構築、計測、学習」を高速回転することが大切。これを**リーンスタートアップ**と呼ぶ。

Part 2

Strategic Thinking

第2章 戦略的思考

「収集した情報を、経営の課題解決となる有益な実行につなげる思考」が、戦略的思考です。情報を自分の頭で分析し、それを基に経営戦略を策定し、実行する。実行につながる「考える力」を育てましょう。

5 戦略的思考
Strategic Thinking

「戦略の実行」に結びつく思考

よく「戦略的に考えよ!」と言いますが、通常の思考とどこが違うのでしょうか。実は優れた経営戦略を策定する際に最も重要なのは、この**「戦略的思考」**を身につけることなのです。諸説ありますが、わたしは「収集した情報を、経営の課題解決となる有益な実行につなげる思考」だと考えています。

つまり、経済指標などのデータを集めたり、顧客にインタビューしたり、といくら情報を集めても、それだけでは戦略は策定できません。同じ事実や情報でも、企業の置かれている環境によって、情報の持つ意味はまったく異なるからです。その情報を自分の頭で分析し、それを基に経営戦略を策定し、実行する。そのような実行につながるような「考える力」こそが、戦略的思考なのです。

たとえば、「過去半年で急激な円安が進んだ」という事実

「戦略を実行する」とは英語で
implement a strategy

がある場合、輸出企業にとって、円安になることは、ドルベースでの自社製品の価格が下落することを意味します。一般的には輸出によって売上が上がると予想されます。したがって実行としては「増産を検討する」ことになるでしょう。

一方、原材料を輸入して国内で販売している企業にとって、同じ「過去半年で急激な円安が進んだ」という事実は、輸入品のドルベースでの価格上昇を意味します。つまり、原材料費の高騰により製品価格の値上げが起き、国内での売上が伸びなくなる可能性が高くなるわけです。そうすると、実行としては「コストを削減する」あるいは「価格は据え置きながら容量を減らす」などを検討することになります。

このように戦略を考える主体である会社にとっての具体的な実行に結びつくような思考が戦略的思考です。

ポイント

戦略的思考では、同じ事実でも会社によって実行すべきことは異なるのです。

Book

企業参謀
大前研一

『企業参謀 ── 戦略的思考とはなにか』大前研一著
1975年と77年に刊行され著者の出世作となった『企業参謀』『続企業参謀』の新装版。戦略的思考の名著。

逆にいえば実行につながらない思考は戦略的思考ではないのです。

6 仮説思考
Hypothesis Thinking

情報収集の前に、結論を先につくる

戦略的思考とは「情報を基に、実行に結びつく経営戦略を導き出すことだ」と説明しました。しかし、関係しそうな情報を完璧に集めようとしては、いくら時間があっても足りません。そこで短期間で戦略を策定するために必要なのが「**仮説思考**」です。

仮説思考とは、データ収集を行う前に仮の結論を考えて、その結論を導くための原因となる事項は何かを整理し、それらを裏付けるようなデータなどを収集していくことです。つまり、最初に仮の結論である仮説をつくってしまうのです。たとえば売上が落ちているなら、「競合他社に顧客をとられているのでは？」「自社の営業力が下がっているのでは？」と仮説を立てるわけです。その上で仮説が正しいかどうか、検証していく思考法です。「そんないい加減なことでいいの

Book

仮説思考
内田和成
仮説から始めれば
作業量は激減する!

『仮説思考 ── BCG流 問題発見・解決の発想法』内田和成著
結論から先に考えることで、問題の全体像を素早くつかみ、正しい解決策を効率よく導き出せる。ボストン・コンサルティング・グループで活躍した著者が実践方法を解説。

「情報収集」はgathering of informationといいます。

か？　仮説が間違っていたらどうするんだ！」と思う方も多いかもしれません。でも安心してください。もちろん仮説が誤っている場合もありますが、その場合でも素早く次の仮説を構築し、検証することで、あらゆる情報を集めてから検討を開始するよりも、はるかに短時間で効率的に解決策にたどり着くことができるのです。

　大切なことは、仮説構築を行い、それを裏付けるのに必要な情報を収集して、検証する過程を繰り返すことなのです。

　そして仮説を立てたら、その仮説に対して、**Why So?（なぜそうなるのか？）**、**So What?（よってどうするべきか？）** ⑩を自問してみましょう。この２つの質問を繰り返し行うことによって、仮説と根拠が明らかになっていきます。その際に、一人で考えるのではなく、仲間と議論をすることも有効です。

ポイント

まずは仮説を構築した上でそれらを裏付ける情報を収集すること。その際、情報の漏れや恣意的《しいてき》な収集や分析はＮＧです。

戦略構築の際に、まずデータ収集を開始すると情報の洪水におぼれてしまう危険があるので要注意です。

仮説思考の考え方

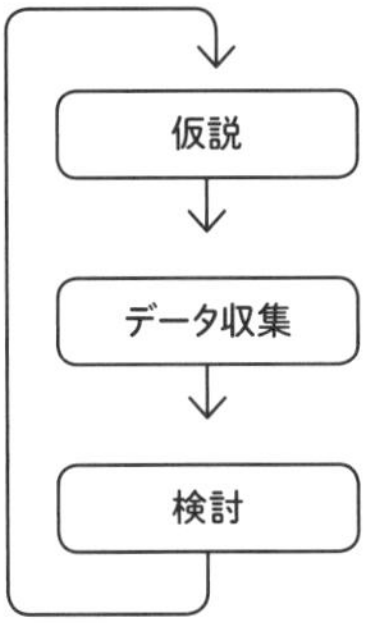
仮説
データ収集
検討

「仮説」が必ず先に来て、データ収集はその後。

7 帰納法と演繹法
Induction & Deduction

仮説を立てるための2つの方法

それでは、実際に仮説を立てるにはどのようにしたらいいでしょうか。ここでは最もスタンダードな「**帰納法**」と「**演繹法**」の2つを説明しましょう。

下の図を見てください。帰納法とはいくつかの事実や情報を基に、そこから考えられる仮説を構築する方法。Aという事実、Bという事実、Cという事実があったらおそらくそれはDという仮説になるだろう、と導いていく方法です。統計的な情報によるため、初心者にはこちらがおすすめです。しかし、一部からすべてを導くため、結果が推論になりがちなので注意が必要です。

一方、演繹法は、まず大きな前提や法則を見いだしてそこから小前提を導きます。AだからBである。BだからCであるというように結論（仮説）を導き出す方法ですので、上級

帰納法
Induction

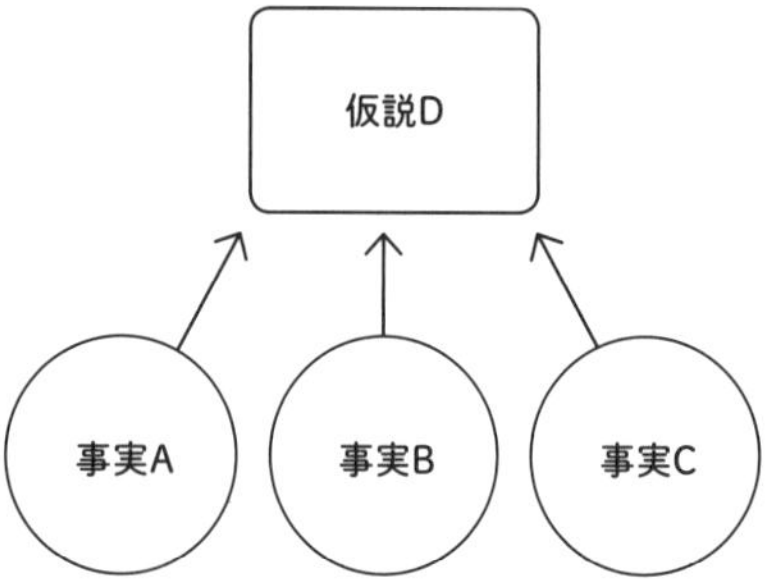

者向けといえます。仮説を検証していく方法なので反対意見を説得する際などに有効ですが、情報に誤りや偏見があると結論もおのずと間違ったものになってしまいます。豊富な知識や話術も必要となるでしょう。

いずれの方法でも仮説を立てた上で、根拠となりそうな項目に分解して、それらを実証できるようなデータや事実を集めて、さらに調べていき、解決策・経営戦略を導き出します。

繰り返しますが、こうした仮説を持たずにいきなり情報収集を行うことは時間と手間がかかる上に、不足している情報が見つかってしまってさらに情報収集を行うことも想定されます。時間が経つと情報も変化してしまい、それまでに集めた情報も再度集め直さなければならなくなる危険すら生じてしまいます。

ポイント

情報収集前に仮説を構築しないと、限られた時間内での問題解決や戦略策定ができなくなる危険があります。

「仮説を立てる」は、
make a hypothesis

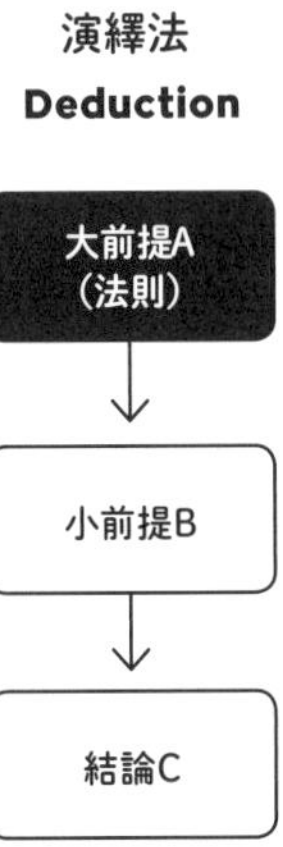
演繹法
Deduction
大前提A
（法則）
小前提B
結論C

8

論理的思考・ロジカルシンキング

Logical Thinking

収集した事実やデータと仮説を結びつける

仮説を構築した後には、その仮説が正しいことを説明する必要があります。そのためには「なぜ、その仮説に至ったのか」という根拠である事実やデータが必要です。しっかりとデータをそろえて、論理的に説明できなければその仮説は単なる思いつきになってしまいます。

こういった局面で、**ロジカルシンキング**が大切になるのです。つまり、仮説構築の後、その仮説が正しいという根拠を示すためにロジカルシンキングを使うのです。みなさん自身が考えをまとめていく上でも有効な思考法ですし、社内外の人に説明する際にも威力を発揮します。

では、ロジカルシンキングとは具体的にどのようなものでしょうか。直訳すれば「論理的な思考法」ですが、言いたいことや表現したいことを相手に伝えるための技術と考えてみ

ロジカルシンキング＝問題解決の思考法

- **Step 1** 「問題、課題、質問は誰が何を求めているのか？」を確認する
- **Step 2** 「その問題は適切か？」「そもそもなぜ？」とゼロベースで考える
- **Step 3** 仮説思考、アタリをつける。「何が情報として必要か？」 →**P056**
- **Step 4** 情報を収集する。仮説を裏付けるインタビュー、インターネット、資料、新聞などの情報を収集する
- **Step 5** 情報を整理する→グルーピング（分類）フレームワークを使う
- **Step 6** 情報の整理方法：横の関係はMECE（漏れ・重複・ずれがない）か？ →**P062**
- **Step 7** 情報の整理方法：縦の関係はWhy So? So What? になっているか →**P064**
- **Step 8** まとめる。データなどが何を意味するのかを要約して結論をつくる

ましょう。論理的な思考や表現能力は、仕事ははかどります。ビジネス上のコミュニケーション能力を円滑にするための技術なのです。

ちょっと難しそうな気がしますが大丈夫！　代表的なものは、次項から説明する**MECE**❾、**Why So? / So What?**❿、**ピラミッドストラクチャー**⓫の3つです。これらを学べば、論理的に物事を考えられるようになりますので、安心してください。

ロジカルシンキングは天性のものではなく、訓練することで取得できる技術です。自然にできている人もいますが、覚えておいて損はありません。仮説を正しいものであると説明するためにも、自らの思考を整理するためにも、まわりの人が納得する説明を行うためにも必要な思考法です。

ポイント

ロジカルシンキングは仕事のコミュニケーション能力をアップするスキルと考えましょう。

Book

『ロジカル・シンキング ―― 論理的な思考と構成のスキル』
照屋華子、岡田恵子著
マッキンゼーのエディターとして活動している著者が、「ロジカル・コミュニケーション」の新しい手法について述べた名著。実践的なロジカル・コミュニケーションの技術を習得できる。

9 MECE（ミッシー）

Mutually Exclusive and Collectively Exhaustive

情報を分類する際に必須の思考法

MECEとは「漏れなくダブりがない」状態のことです。情報を分類して整理する際に有効な考え方です。たとえば、人を「男」と「女」に分類すると、MECEの状態になります。では日本のプロ野球を「パ・リーグ」と「読売巨人軍」としたらどうでしょうか。これではセ・リーグの他の球団が抜けるので、MECEとはいえません。つまり「パ・リーグ」「セ・リーグ」で分けるとMECEとなるわけです。

MECEは、ロジカルシンキングをする上でとても重要です。問題解決や経営戦略策定のプロセスは、大きな課題を小さな論点に分解していくことで、実行に結びつく解決策を見つけ出す過程です。このとき、分解した論点がMECEの状態でないと、論点の見落としが発生します。ダブりがあると、最適な解決策を選び出せません。

物事をMECEに分解する5ステップ

① 羅列する
直感的に思いついたものをすべて書き出す。

② グルーピングする
①で挙げた要素を、同じ仲間・グループでまとめる。

③ 上位概念と下位概念を区別する
書き出したたくさんのグループ同士を、上位・下位の関係に整理する。

④ 概念のレベル感をそろえる
MECEになるようにレベルを合わせる。

⑤「その他」をつくる
どこにもあてはまらないものはその他をつくる。

たとえば「ダイエットをするにはどうしたらよいのか」という課題があるとしましょう。ダイエットは外科的な解決方法の他には、摂取するカロリーよりも消費するカロリーを大きくすればよいと考えることができます。だとすると、まずは「カロリー消費量を増やす」か「カロリー摂取量を減らす」かに分類できます。「カロリー消費量を増やす」という論点はさらに、「運動する」「基礎代謝を高める」などに分解できます。「運動する」もまた、「ジョギングをする」「水泳をする」「自転車に乗る」などと細かく分解していくことができます。

このようにしてすべての論点が出てくれば、その中から、具体的に効果のある実行可能な最適な解決策を選べるというわけです。

ポイント

分類した項目のレベルを合わせることが大切。効果のある実行可能な解決策を導き出すためであることを忘れずに。

論点をMECEに分解するには、右図のステップで行うとよいでしょう。

10 Why So? / So What?

物事に臨む際の基本スタンス

ある仮説や結論、その根拠を導き出したら、最後に必ず次の2つを自問してみましょう。

▼結論に対して「**Why So?（なぜそうなるのか？）**」
▼根拠に対して「**So What?（よってどうするべきか？）**」

結論にWhy So？と投げかけると、根拠に行き着くことができます。根拠にSo What？と投げかけると、結論が出てきます。この2つが成立する場合、その論理は正しいといえるのです。

一見、当たり前のように見えますが、現実には必ずしもその2つが成立していないことが少なくないのです。

たとえば、「新しい商品を開発する」という結論に達しているとき、その根拠が「既存商品の売上が落ちているから」

Why So? / So What?とMECEの関係

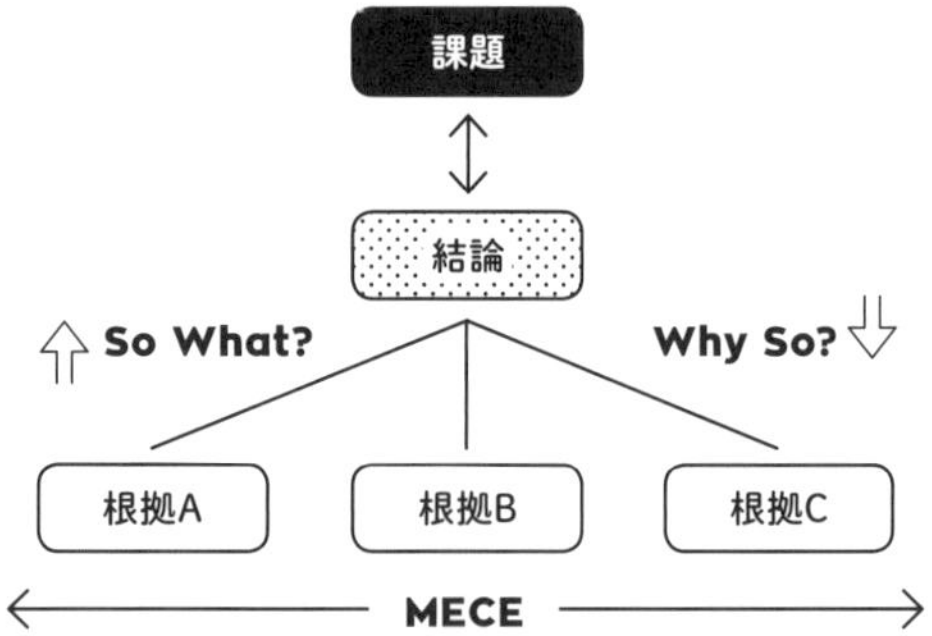

であったとしましょう。しかし、その「既存商品の売上が落ちている」という根拠から、「新商品を開発する」という結論に達するとは限りません。

具体的には「広告を打つ」「価格を下げる」「営業員を増員する、あるいは再教育する」「アフターサービスを整備する」などの既存商品のテコ入れを行うという結論もあるはずです。また、効果的で実現可能性があるかどうかも重要な要素です。技術開発者の不足などで「新商品の開発」はできないかもしれません。

根拠と結論をWhy So? / So What?でつないでいくと、論理はどんどん強固なものになっていきます。仮説や結論を導く際には常に、「Why So?」と「So What?」を繰り返し自問することを心がけましょう。

ポイント

仕事やプライベートでも物事を常に「なぜそうなるのか？よってどうするべきか？」という視点で考えよう！

この思考法は、特にプレゼン資料を見返す際、心がけるとよいでしょう。人を説得する際、最も効果的だからです。

11 ピラミッドストラクチャー（構造化）
Pyramid Structure

戦略思考を整理し、わかりやすく説明する技術

帰納法と演繹法❼を組み合わせ、自分の主張を頂点として根拠がピラミッドのような形に配置された図を構造化、または「**ピラミッドストラクチャー**」と呼びます。ピラミッドストラクチャーは、元マッキンゼーのバーバラ・ミント氏が考案したもので、全体の論理構成がわかりやすく整理できます。また、みなさんの頭の中が整理されるとともに、人に説明する際にも説得力が増します。

ピラミッドストラクチャーをつくる際には、まず下図のような**ツリー構造**をつくります。これは問題解決のための要因分析に使うもので木が枝分かれしている状態に似ているので、**イシューツリー**とも呼びます。一番上が「最も伝えたい結論（キラー・メッセージ）」で、その下が「結論の根拠（論拠）」、さらに根拠の下につながるのは「根拠を支える事実（デー

ピラミッドストラクチャーの例

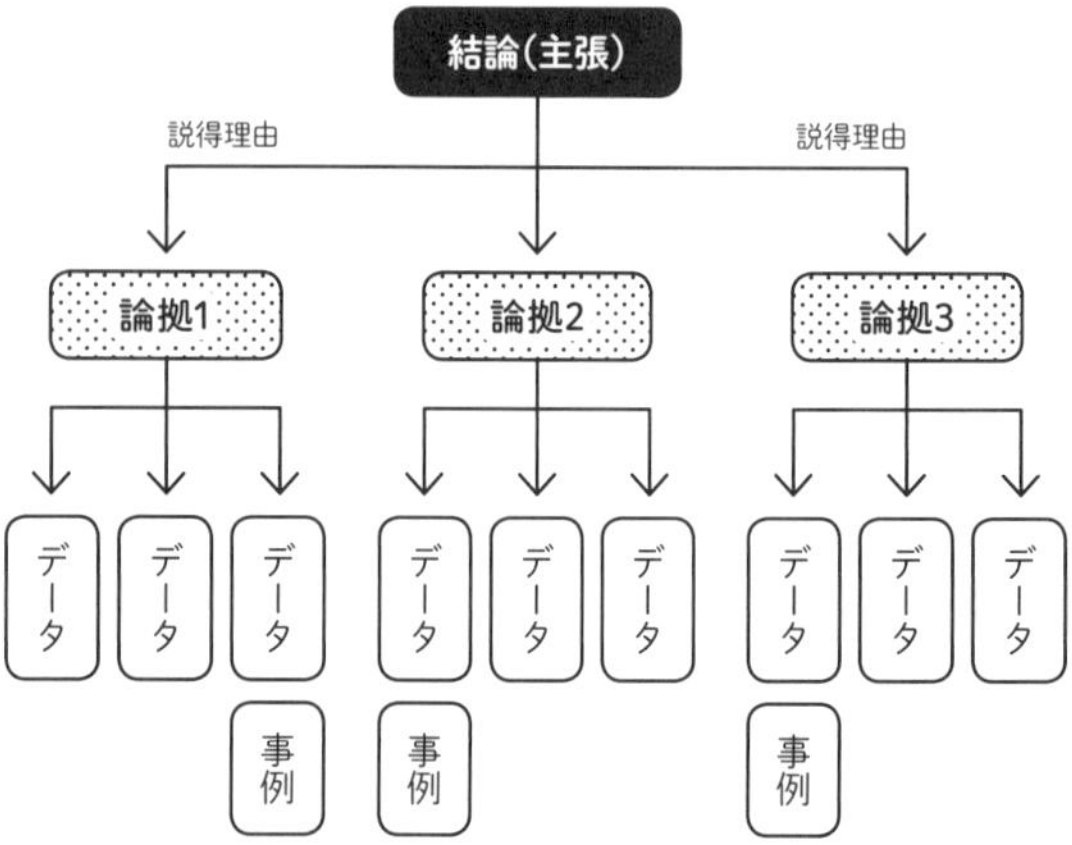

タ）」です。結論と根拠、根拠と事実が、それぞれ**Why So?／So What？**⑩が成り立つ関係にあれば、その論理は正しいといえるのです。

ピラミッドストラクチャーの構成要素同士はMECE⑨であることが必要です（**論理のパターン**⑫）。イシューツリーが問題解決のための原因を分解していく手法であるのに対して、ピラミッドストラクチャーは具体的な解決方法などを人に説明するために利用するものです。

人に説明する際には、こうしてできたイシューツリーを基にピラミッドストラクチャーの順序に沿って話すと、わかりやすく論理的に説明できます。最初に結論を述べて、その根拠を3つ程度述べ、根拠を支えるデータを示しながら、結論を改めて述べるなどです。

ポイント

相手に納得感を持って具体的な行動を起こしてもらうためにも過度に複雑なものにしないことが大切です。

根拠の数は3つから5つ程度が適当でしょう。それ以上である場合にはグルーピングがうまくできていない可能性が高いといえます。後ほど説明する3Cや4Pなどのフレームワークを参考にすると列挙する根拠を見つけやすくなるでしょう。

Book

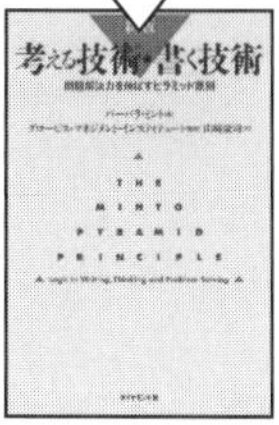

『考える技術・書く技術——問題解決力を伸ばすピラミッド原則』
バーバラ・ミント著
世界の主要コンサルティングファームでライティングのコースを持つ著者が、独自の文書作成術を公開。

12 論理のパターン（並列型と解説型）

Parallel Type & Commentary Type

ピラミッドストラクチャーの2つの方法

前項で紹介したピラミッドストラクチャーを組み立てる方法には2つあります。ひとつは「**並列型**」、もうひとつは「**解説型**」です。どちらも論理的に思考を構成していく際、重要なものです。

「並列型」は、前項でご紹介したものと同じ方法。結論の下にある根拠は並列の関係にあり、MECE❾の関係にあります（横の原則）。それぞれの根拠が、結論に対して、Why So? / So What?❿の関係にあります（縦の原則）。

それに対し、「解説型」は、縦の原則は並列型と同じですが、横の原則が異なり、根拠の部分が「事実」「判断基準」「判断内容」の3つで構成されています。事実とは「結論を導き出す上での客観的な事実」、判断基準は「事実から結論を導き出す上での考え方」、判断内容は「事実を判断基準で判断し

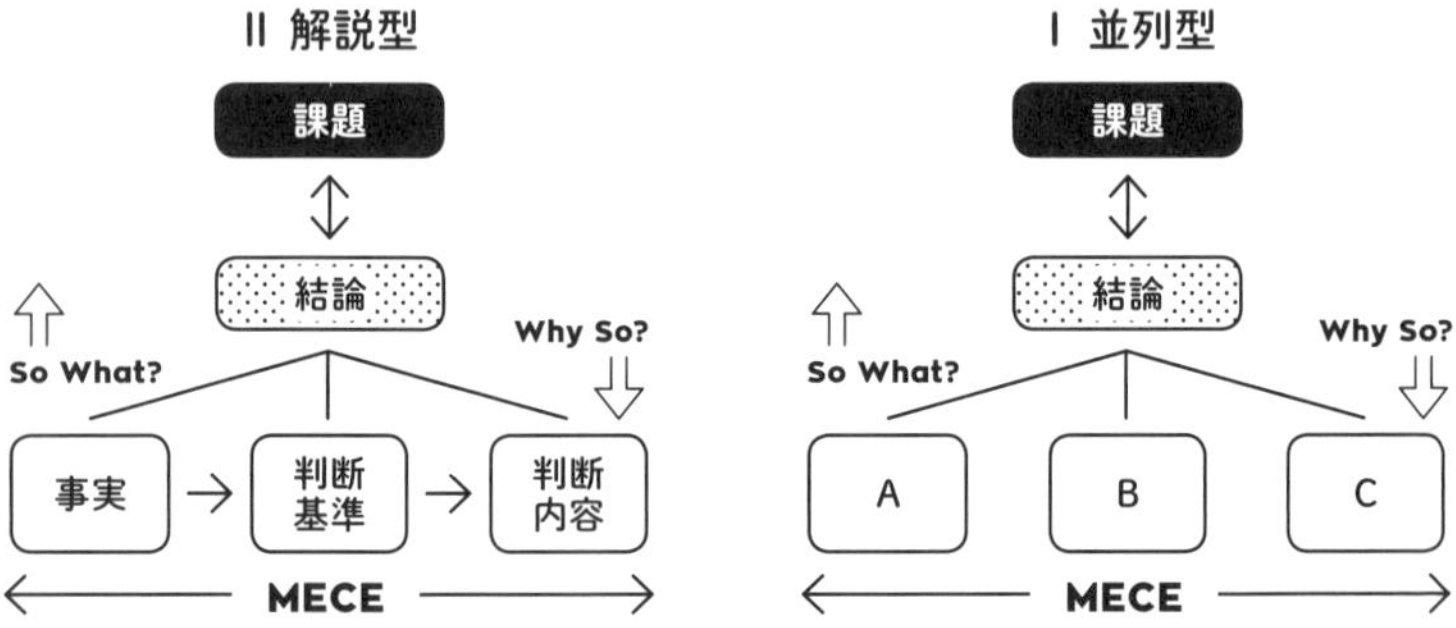

構造化には並列型と解説型がある

構造化とは、結論・根拠・事実という部品をひとつの論理構成に組み立てること。
論理とは、結論と根拠もしくは結論とその方法という複数の要素が結論を頂点に、縦方向にWhy So?（なぜそうなるのか?）/ So What?（よってどうするべきか）の関係で階層をなし、横方向にはMECEに関係づけられたもの。

た結果」です。

たとえば、飲食チェーンの課題が「海外産の食材に不良品が紛れ込んだ」だったとしましょう。その結論が「国産に切り替える」だった場合、事実は「ひとつの食材だけでなく、店全体に対してお客様が不信感を抱いている」、判断基準は「お客様第一主義を貫く」、判断内容は「お客様の信頼を取り戻すべく、すべてを国産食材に切り替え、納入先の調査も定期的に行う」となります。このように解説型で考えると、「事実」「判断基準」「判断内容」の一かたまりで、ひとつの「根拠」となっていることがわかります。

論理とは、結論と根拠もしくは結論とその事実という複数の要素が、結論を頂点に、縦方向にWhy So? / So What? の関係で階層をなし、横方向にはMECEに関係づけられます。

ポイント

解説型は説明の仕方が複雑になる場合もあるので、初心者は並列型でまず考えてみるのがよいでしょう。

ピラミッドストラクチャーとは、結論・根拠・事実という部品をひとつの論理構成に組み立てることです。

13 フレームワーク

Framework

情報の整理を行う際の枠組み

「フレームワーク」は情報などを整理するための枠組みのことです。これらは数学の問題を解く際に使用する公式のような存在といえます。しかし時代とともに古くなっているものや、柔軟な発想を阻害してしまう危険もあります。現在まで使われているものは長い年月にわたって有効性があるものが多いので上手に活用しましょう。

たとえば、自社の現状分析を行う際には**SWOT分析**⑱や**3C分析**⑲、業界全体をとりまく環境に関する情報を整理したいときには**PEST分析**⑰が役立ちます。情報整理で最も難しいのは、「どんな切り口で整理するか」です。そんなときに参考になるのがこれらのフレームワークです。一方で同じフレームワークでばかり考えていると結局どの企業も同じような戦略になってしまう危険もありますので最終的には自

世の中にあるさまざまな「フレームワーク」

起承転結／衣食住／心技体／陸海空／5W1H／原因と結果／主張と根拠／メリットとデメリット／アメとムチ／新規と既存／個人と法人／社会人と学生／個人と世帯／ヒト・モノ・カネ情報／時系列／春夏秋冬／朝昼夕夜／年齢と性別／頻度と人数／費用と効果／インプットとアウトプット／需要と供給／フローとストック／パブリックとプライベート／オンとオフ／外的と内的／予防と対処／自力と他力／質と量／一般と特殊／知識と経験／戦略と戦術／PEST／３C／STP／４P／機能とデザイン／リアルとバーチャル／売買と賃貸／新品と中古

社にふさわしいフレームワークを構築することが大切です。

フレームワークには、戦略コンサルタントが提唱するものから起承転結といった日常的によく知られているものまでさまざまなものがあります。実際にどのような場面でどう使用するかについて悩むこともあるかもしれません。相互にオーバーラップしている場合もあるので、その場合には複数のフレームワークを併用するのがよいでしょう。たとえば、**製品ライフサイクル**52でその製品が成長期にあれば、一気に市場のシェアを獲得していくために、ポーターの**コストリーダーシップ戦略**40も有効といえるでしょう。

戦略立案においては、それぞれの切り口で分析・検討した後に、各フレームワークから示唆される戦略案を組み合わせ、自社の状況に最適な戦略案を構築することが重要なのです。

ポイント

分類だけでなく、整理された情報から何を学ぶのか、どんなことが言えるのか、どう実行するかを考えましょう。

フレームワーク併用の例をもうひとつ。自社がコトラーの言うマーケットニッチャーというポジションにあるのであれば、小さな市場に特化してポーターの言う集中化戦略を探る、といったことも有効でしょう。

14 ゼロベース思考

Zero-Based Thinking

常識さえ一度取り除いて考える

ある課題を解決する際、なかなか進まないようでしたら「**ゼロベース思考**」で考えてみましょう。これは、既存の経験、知識、常識、習慣などにとらわれることなく、それらの概念を取り払ってゼロの状態から事象をとらえていく、先入観のない思考方法のことです。

ゼロベースで考えるコツは、「そもそも、課題と考えていることは、本当に課題なのか、なぜそれが課題なのか」と課題の設定自体の妥当性までさかのぼって考えることです。

たとえば、「売れ行きが思わしくない商品Aを売るためにはどうしたらよいか」という課題があった場合、「そもそも商品Aを発売したのはなぜか」「商品A以外の商品の売れ行きはどうなのか。他の商品も売れていないのでは」などと前段階まで考えてみるわけです。すると「そもそも商品全体が

ゼロベース思考で取り除くべきこと

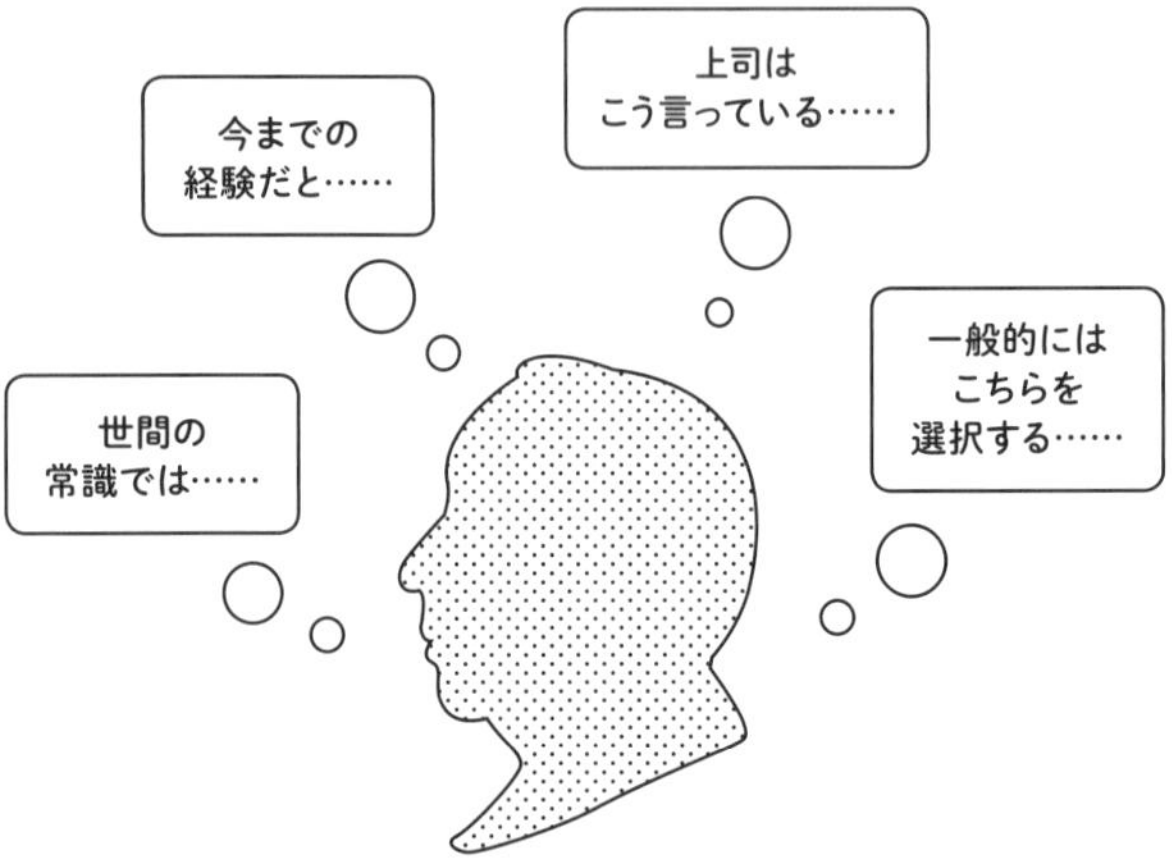
上司は
こう言っている……
今までの
経験だと……
一般的には
こちらを
選択する……
世間の
常識では……

売れなくなってきている」「ターゲットとしている市場全体が縮小しているのではないか」という仮説が出る場合があります。

このように、課題の設定を誤ると問題の本質を見誤ることはよくあります。実は正しい課題設定ができるかどうかは問題解決において最も重要な点です。誤った課題をいくら考えても誤った解決策しか導き出せないでしょう。「今までの自分の経験」「上司の言葉」「社会人としての常識」などは、すべて取り除いて考えてみてください。

特に議論が進む中でいつの間にか違う課題について議論をしてしまうことは頻繁に起こりますので常に「そもそもなぜこれが課題だったのだろうか？」と考えるクセをつけるようにしましょう。

ポイント

課題設定を誤ると間違った解決策しか出てこないので、常に「そもそも～」と考えるクセをつけること！

ゼロベース思考は、他の思考法などでは解決できないとき、特に有効です。困ったら立ち戻ってみましょう。

15 まずはざっくりと問題をとらえる

Think Roughly

問題解決の方法は常に大から小へ因数分解

経営戦略や課題を考えるときは大きい問題から小さい問題へ、全体から部分へという流れで考えるようにしましょう。

たとえば新規事業としてある市場への参入を考える際、まずは市場規模はどのくらいなのか、平均的な売上高や利益率はどのくらいか、業界の勢力状況とそれぞれの売上高はざっくりどのくらいか、といったところからとらえていくのです。

たとえば市場が1000億円程度あるとしたらその10%のシェアを獲得できれば売上は100億円程度（成長などは勘案しない場合）。売上高利益率が10%程度であれば利益は10億円くらいになることがわかります。それによって他の新規事業の選択肢との優先順位を決めるのにも役立ちます。具体的な戦略構築に入る前にざっくりとした感覚を持つことは極めて重要です。有益な考え方の軸として、下図の**バーバラ・**

バーバラ・ミントの4つ軸

時間	過去⇒現在⇒未来
序列	大⇒中⇒小
構造	東　西　南　北
演繹（三段論法）	大前提⇒小前提⇒結論

ミントの4つの軸を覚えておくと良いでしょう。

また、原因を見つけ出す方法としては因数分解をするクセをつけましょう。たとえば売上が下がっている要因を見つけ出す方法としては売上を因数分解します。売上は単価×顧客数×リピート回数です。そうすることで売上に最も影響を及ぼしている要因は何か、どの要因がインパクトが大きいのか、どの要因を解決するのが最も実行可能性が高いのか、などを検討していくのです。

解決策の実行可能性や全体へのインパクトの大小を勘案することで、優先的に行うべき効果的な解決策を導き出すことができるようになります。どんなに効果的であっても全体への効果が小さいものや実行可能性が低い解決策では現実の問題解決には有効ではないからです。

ポイント

問題解決は大から小へ、全体から部分へ。一方で、原因分析は因数分解することが大切です。

たとえば全国展開している小売業の売上低下要因を分析するために、以下のように考えると検討すべき項目が明らかになるでしょう。地域によって異なるのか、立地によって異なるのか、販売員数や質によって異なるのか、全国共通の要因はあるのか、客層による違いはあるのか、人口密度による違いは、時間軸で見るとどうか？

Question 05

情報を 分類して整理する際に有効な考え方がMECE。______ ______ and ________ ________の略。

Question 06

____に対して「Why So?（なぜそうなるのか？）」と投げかけると、____に行き着く。____に対して「So What?（よってどうするべきか？）」と投げかけると、____が出てくる。

Question 07

問題解決のための要因を分解していくための手法が__________、______と______を組み合わせて自らの____を頂点として図を構造化したものがピラミッドストラクチャー。

Question 08

ピラミッドストラクチャーを組み立てる方法には____と______の2つがある。

Question 09

フレームワークとは、____などを整理するための____・____。

Question 10

フレームワークは相互にオーバーラップしていることもあるので、その場合は____するとよい。

Question 11

ゼロベース思考とは、事象をとらえる______のない思考方法。

Question 12

経営戦略や課題を考えるときは、______問題から____問題へという流れで考える。

Examination

Part 2

「戦略的思考」テスト

優れた経営戦略を策定するために、「戦略的思考」を身につけよう！

第2章では現在主流となっている戦略的思考を紹介してきました。集めた情報を自分の頭で分析し、それを基に経営戦略を策定し、実行する。そのような実行につながる考える力が、戦略的思考です。それでは、「おさらい」してみましょう。

＊設問の答えは78ページに掲載しています

Question 01

戦略的思考とは、「収集した____を、経営の課題解決に有益な____につなげる考え方」です。

Question 02

仮説思考とは、________の前に仮の____を考えて、その上で仮説が正しいかどうか、検証していく思考法です。

Question 03

いくつかの事実や情報を基に、そこから考えられる仮説を構築するのが______。AだからB、BだからCであるというように仮説を導き出す方法が______。

Question 04

構築した____が正しいという根拠を示すために使うのがロジカルシンキング。

Answer Part 2

Question 01	□	戦略的思考とは、「収集した**情報**を、経営の課題解決に有益な**実行**につなげる考え方」です。
Question 02	□	仮説思考とは、**情報収集**の前に仮の**結論**を考えて、その上で仮説が正しいかどうか、検証していく思考法です。
Question 03	□	いくつかの事実や情報を基に、そこから考えられる仮説を構築するのが**帰納法**。AだからB、BだからCであるというように仮説を導き出す方法が**演繹法**。
Question 04	□	構築した**仮説**が正しいという根拠を示すために使うのがロジカルシンキング。
Question 05	□	情報を分類して整理する際に有効な考え方がMECE。**Mutually Exclusive** and **Collectively Exhaustive**の略。
Question 06	□	**結論**に対して「Why So?（なぜそうなるのか？）」と投げかけると、**根拠**に行き着く。**根拠**に対して「So What?（よってどうするべきか？）」と投げかけると、**結論**が出てくる。
Question 07	□	問題解決のための要因を分解していくための手法が**イシューツリー**、**演繹法**と**帰納法**を組み合わせて自らの**主張**を頂点として図を構造化したものがピラミッドストラクチャー。
Question 08	□	ピラミッドストラクチャーを組み立てる方法には**並列型**と**解説型**の2つがある。
Question 09	□	フレームワークとは、**情報**などを整理するための**枠組み**・**公式**。
Question 10	□	フレームワークは相互にオーバーラップしていることもあるので、その場合は**併用**するとよい。
Question 11	□	ゼロベース思考とは、事象をとらえる**先入観**のない思考方法。
Question 12	□	経営戦略や課題を考えるときは、**大きい**問題から**小さい**問題へという流れで考える。

第3章

外部環境と内部環境の把握と分析

Part 3

Analysis of External Environment and Internal Environment

本章では現状分析の2つの方法を紹介します。外部分析は、会社の事業に影響を与える外の要因に関するもの。内部分析は、自社の強みや弱み、資金や人材の有無といった社内の要因に関する分析です。

16 外部分析と内部分析

Analysis of External Environment and Internal Environment

まず、自社の置かれている現状を把握する

戦略を策定する際には、まず自社が置かれている現在の状況を正確に把握することから始めましょう。企業によって検討すべき点は異なりますが、たとえば為替レートや原料高騰、法改正など、企業の戦略を左右する要素は数多くあります。

現状分析の方法には、大きく分けて**外部分析**と**内部分析**があります。

外部分析とは、会社の事業に影響を与える外部の要因に関する分析です。人口や政治、経済、環境、技術、文化などといったマクロ環境と、市場動向のようなミクロ環境が考えられます。

一方、内部分析は、営業力や商品開発力などの自社の強みや弱み、資金や人材の有無といった社内の要因に関する分析です。

外部分析、内部分析は、経営戦略策定の前にすべきこと。前章の戦略的思考を学び、考えていきましょう。

これらの分析を行う際に有効なフレームワークには次のようなものがあります。下の図を見てください。PEST分析⑰は外部のマクロ環境を分析、SWOT分析⑱と3C分析⑲は内部と外部双方の環境を分析、VRIO分析⑳は、内部環境を分析するものです。

外部と内部、それぞれの環境を分析したら、そこから、自社が成功するためのポイントを見つけ出すことが重要です。このポイントのことをKSF（Key Success Factor）といいます（またはKFS＝Key Factor for Success）。KSFは時代や業界をとりまく環境で変化していくものです。

KSFを決める際、自社に影響がないことをただ羅列しても意味はありません。なぜならば戦略を策定して実行するために行う分析だからです。

ポイント

分析を行う際に常に「自社の戦略に影響を及ぼす要因だろうか」と考えるようにしましょう。

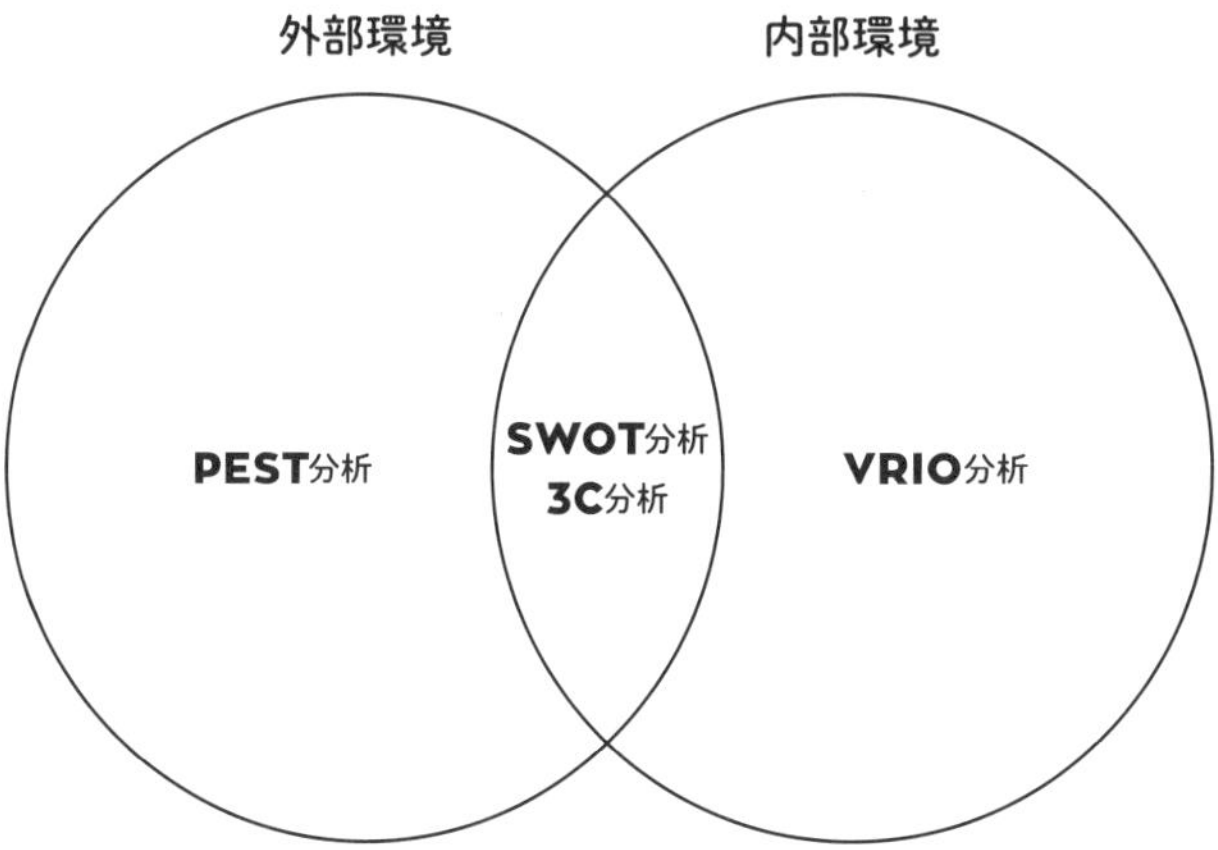

17 PEST分析

Politics, Economics, Society, Technology Analysis

社会の変化は自社の経営にどう影響するのか

PEST分析は、４つの切り口から事業をとりまく外部のマクロ環境を分析するフレームワークです。すなわち、Pは政治（Politics）、Eは経済（Economics）、Sは社会（Society）、Tは技術（Technology）を指します。

「政治」は、各種政策や業界関連法規、規制緩和や強化、環境、外交など。「経済」は、景気動向、物価変動、GDP（国内総生産）成長率、金利、失業率、平均所得水準、日銀短観など。「社会」は、人口動態、環境、ライフスタイル・文化の変遷、教育、犯罪、世論など。「技術」は、新技術の開発・完成、新技術への投資動向などです。

近年では、「社会」から自然やエネルギーなどの「環境」面であるE（Ecology）を別立てして、「PESTE」とすることもあります。

PEST分析

Politcs 政治	**Economics** 経済
Society 社会	**Tecnology** 技術

4つの切り口について書き出していくときには、現状だけでなく、3〜5年先まで予測しましょう。たとえば人口動態は移民政策の大幅な変更や出生率・死亡率の劇的な変化がない限り、最も予測がつきやすい項目です。

特に海外展開を検討する際には平均所得水準の推移を調べると、どのようなモノが次に売れてくるかがわかることが多いといわれています。

単にマクロ環境を書き出すだけでなく、環境の変化から、業界における成功のキモが今までとどう変わるのかを明らかにすることで、「では、どうすればよいか」が見えてくるのです。

下図のようなリスク評価マップを作成すると、真っ先に対処しなければならないものは何かが見えてきます。

ポイント

自社に影響しないことは社会的に重大なことでも記載する必要はありません。

PEST分析を使ったリスク評価マップの例

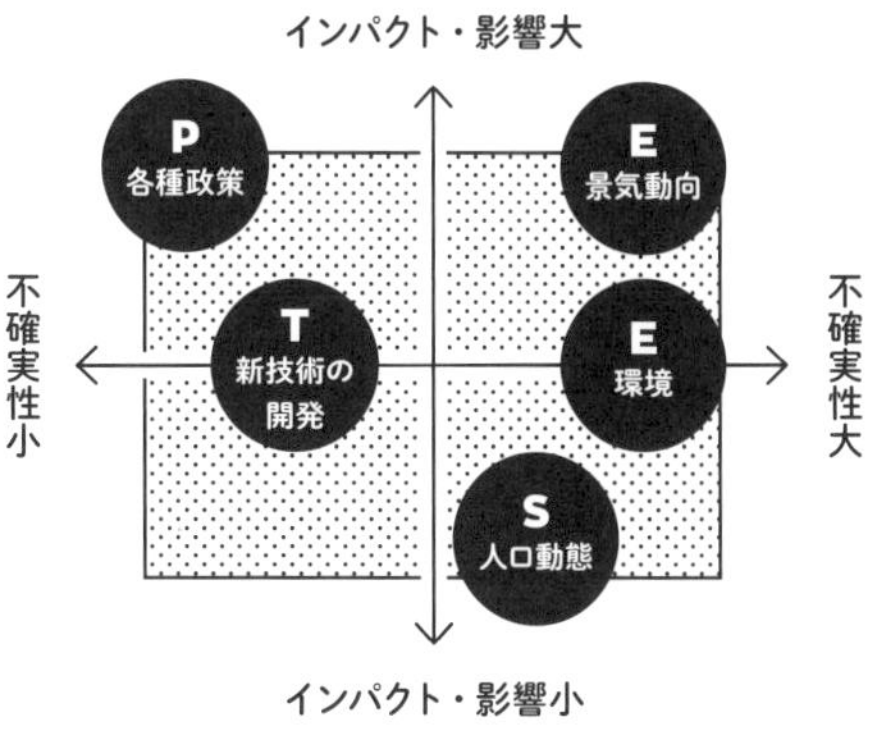

縦軸に「インパクト・影響」と、横軸に「不確実性」をとったマトリックス。ひとつひとつのPESTの要素を、インパクト（影響）と不確実性の観点から見て、マトリックスのどのあたりにあてはまるかを考え、書き出していきます。

18 SWOT分析

Strengths, Weaknesses, Opportunities, Threats Analysis

自社の現状を4つの事象で把握する

SWOT分析は、事業をとりまく内部環境と外部環境を分析するためのフレームワークです。**強み**（Strength）、**弱み**（Weakness）といった内部要因と、**機会**（Opportunity）、**脅威**（Threat）といった外部要因、計4つの要因を分析していきます。ただし、分析することが目的ではありません。大切なことはそこから、「自社の戦略はどうすればよいか？」を導き出すことです。

まずは、下図のように、「強み」「弱み」「機会」「脅威」の4つの枠を作成します。

次に、機会と脅威から書き込みます。自社の事業から見てチャンスやピンチとなる市場や社会環境の変化について記しましょう。たとえば、「経済のグローバル化」「高齢者の人口増加」「外国人観光客の増加」「中国や韓国などのメーカーが

SWOT分析

Strength 強み	**Weakness** 弱み
Oppotunity 機会	**Threat** 脅威

台頭」「スマートフォンの普及」「顧客の価値観が変化し、モノをほしがらなくなった」「競合他社が増え、競争が激化した」など、さまざまな要因が考えられます。現在の機会と脅威だけでなく、2〜3年後ぐらいまで予測して書きましょう。

次に自社の強みと弱みを書き込んでいきます。よくあるのが「自社の強みは本当に他社と比較して強みといえるのかどうか」という疑問です。よく「うちの社員は優秀だ！」と言う社長さんがいますが他社と比較してどう優秀なのかというところまで考えて記載しましょう。その意味でもユーザーへのアンケート調査など客観的なデータの収集が欠かせません。

こうして現状が整理できますが、これだけではあまり意味がありません。大切なのは、SWOTのそれぞれの事象において「自社はどのように対応するのか」という対応策を策定することです。

そこで次に作成するのが**クロスSWOT分析**です。次ページのように、SWOT分析で導き出した4つの要因を、「機会×強み」「脅威×弱み」などとかけ合わせます。

▼機会×強み→「事業機会に対して、自社の強みを最大限に

強み、弱み、機会、脅威を元に自社がどのような戦略をとるか考えることが大切です。

生かすにはどうすればよいか」

▼**機会×弱み**→「事業機会に対して、自社の弱みが原因の機会損失を回避するにはどうすればよいか」

▼**脅威×強み**→「迫り来る脅威に対して、自社の強みでチャンスに変えることはできないか」

▼**脅威×弱み**→「脅威と弱みが最悪な事態を招かないためにはどうすればよいか」

こうすることではじめて自社の現状分析が実行につながる戦略策定に生きてくるのです。

事業ごとに脅威や機会も異なる場合には事業ごとに作成しましょう。たとえばマクドナルドのライバルはモスバーガーだけでなくむしろコンビニのお弁当であったりするわけです。競合を考える際には顧客からの視点を考えてみましょう。

ポイント

SWOT分析は分析の基本です。ただし、目的は分析ではなく、あくまで戦略策定のツールなのです。

左の図を参考に自分の会社の状況をあてはめてみましょう。

クロスSWOT分析

		内部環境分析	
		強み **Strengths**	弱み **Weaknesses**
外部環境分析	機会 **Opportunities**	**機会×強み** 事業機会に対して、自社の強みを最大限生かすにはどうすればよいか	**機会×弱み** 事業機会に対して、自社の弱みが原因の機会損失を回避するにはどうすればよいか
	脅威 **Threats**	**脅威×強み** 迫り来る脅威を自社の強みでチャンスに変えることはできないか	**脅威×弱み** 脅威と弱みが最悪な事態を招かないためには、どうすればよいか

クロスSWOT分析の例（レストランの例）

		内部環境分析	
		強み **Strengths** 地元のお客が多い リピーター率も高い 自社サイトを制作した	弱み **Weaknesses** 新規顧客の比率が少ない グルメサイトで評価数が少ない
外部環境分析	機会 **Opportunities** 新しいマンションが建ち、家族連れが増えてきた	**機会×強み** 強みの地域密着性を生かし、新規移住者にオンライン・オフラインで強くアピールする ⇩ 駅でのチラシ配布、サイトでのクーポン配布、初回割り引きなど	**機会×弱み** 機会の人口増加を生かし、弱みの新規顧客開拓のきっかけとする ⇩ 家族連れをターゲットにした子ども向けメニュー、女性向けの半分サイズメニューなど
	脅威 **Threats** チェーン展開する競合店が増えてきた 仕入れている食材が値上がりしそう	**脅威×強み** 強みの地域密着性を生かし、競合店の得意な価格面ではなく、クオリティで勝負する ⇩ 高級メニューの開発、営業時間の見直し、リピーターへの特典など	**脅威×弱み** チェーン店の価格競争に負けて新規顧客がまったく来ない状態を回避する ⇩ 集客の目玉となるような低価格のメニューをつくり、新規のお試し客を増やす

19 3C分析

Customer, Competitor, Company Analysis

自社の現状を3つの視点で分析する

市場・顧客（**Customer**）、**競合**（**Competitor**）、**自社**（**Company**）の3つの切り口で自社の現状を分析するフレームワークです。「市場」と「競合」が外部分析、「自社」が内部分析です。「市場・顧客」「競合」「自社」の順に分析を行います。外から内への順番です。

他社との**アライアンス**❻❾を意識するために、「**協力業者**（**Co-operator**）」を入れて、**4C**とすることもあります。

「**市場・顧客**」に関しては、「自社の事業において、どのような潜在顧客がいるのか」を把握します。

具体的には、その事業の市場規模（潜在顧客はどのぐらいの人数が存在するのか）、市場の成長性、購買決定者（誰が買うのを決めるのか）、購買行動に影響を及ぼす要因（価格、品質、デザイン、ブランドなど）といったことを分析します。

3C分析

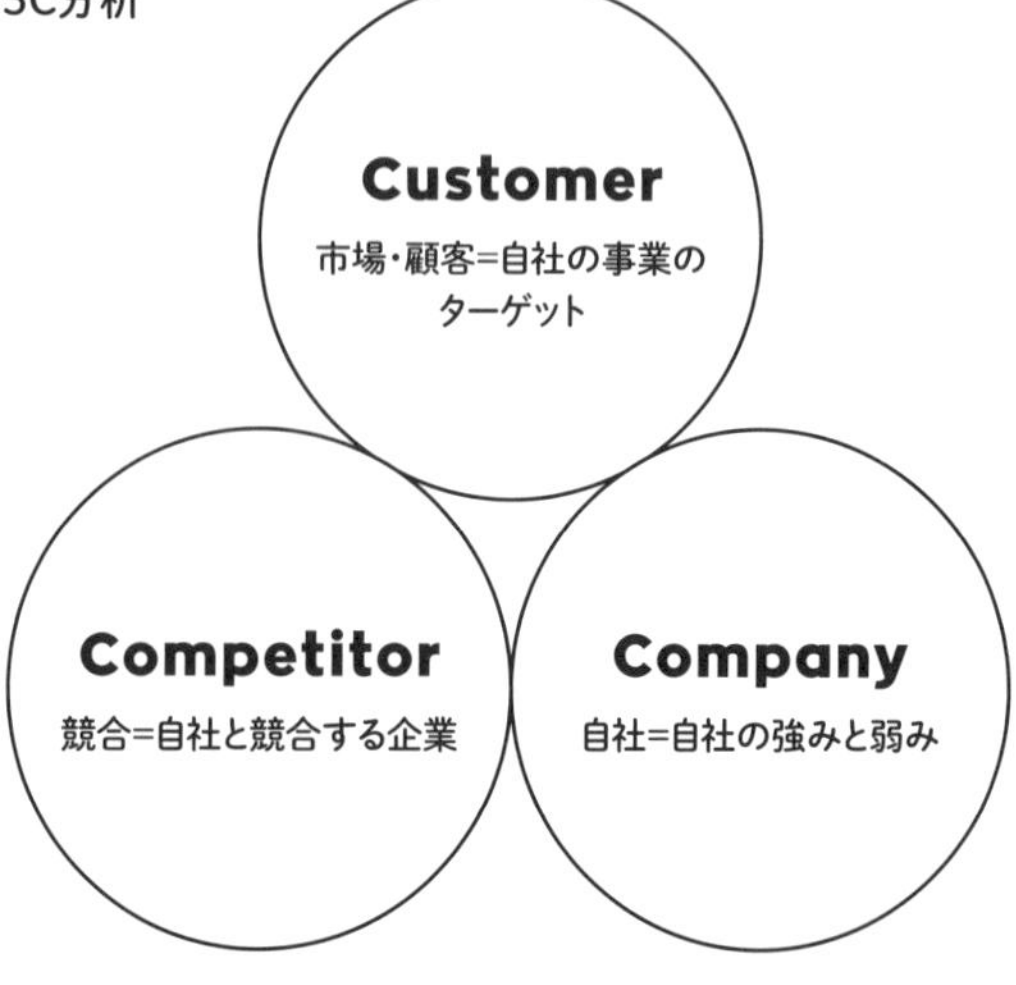
Customer
市場・顧客=自社の事業のターゲット
Competitor
競合=自社と競合する企業
Company
自社=自社の強みと弱み

「競合」に関しては、「自社の事業において競合している企業」を分析します。具体的には、競合の数、参入障壁の高低、他社の強み・弱み、他社の戦略（集中戦略、差別化戦略など）、他社の業績（売上高、収益性、シェアなど）、他社の経営資源（生産能力、人材、組織スキル、バリューチェーン、ブランドなど）を調べます。

それらを踏まえた上で、**「自社」**の強みや弱み、現在の戦略、業績、経営資源の有無を分析していきます。分析結果を見ながら、「市場の変化によって、成功要因はどう変化しているか。今後その市場で成功する要因は何か」「市場の変化に競合はどう対応しているか。その対応に必要な経営資源（ヒト・モノ・カネ）は何か」「自社はどう対処すべきか」などと考えてみましょう。

ポイント

特に自社の戦略に影響を及ぼす環境変化を記載するようにしましょう。

最近では競合が同業ではないことも増えているので、顧客の視点で考えてみましょう。

20 VRIO分析

Value, Rarity, Imitability, Organization Analysis

経営資源と能力を測る

VRIO分析とは、「経営資源が競争優位をつくる」という「リソース・ベースト・ビュー」の考えに基づき、経営学者のジェイ・B・バーニーによって考案されました。

具体的には、企業がどのような経営資源を持っているのか、またそれを活用する能力があるのかどうかを、**価値**（Value）、**希少性**（Rarity）、**模倣可能性**（Imitability）、**組織体制**（Organization）の4つの切り口から分析します。

「価値」とは、「顧客から見て、自社の製品・サービス・経営資源はどの程度価値があるのか」ということ。

「希少性」は、「自社の製品・サービス・経営資源は、希少価値があるのか。同じような技術を持っている会社はあるのか、経営資源は他の会社も持っているかどうか」を分析します。

VRIO分析

Value 価値
顧客から見て、
自社の製品・サービス・経営資源は
どの程度価値があるのか

Rarity 希少性
自社の製品・サービス・経営資源は、
希少価値があるのか

Imitability 模倣可能性
自社の製品・サービス・経営資源は、
他社にまねされやすいかどうか
（コスト面、技術面など）

Organization 組織体制
経営資源をきちんと
活用できる組織体制があるのか
（人事制度や研究開発体制など）

「模倣可能性」は、「自社の製品・サービス・経営資源は、他社にまねされやすいかどうか」、コストや技術などの面から検証します。

「組織体制」は、「経営資源をきちんと活用できる組織体制があるのか」。研究開発や販売などの体制の他、人事評価制度などのルールの面も含まれます。

特に重要なのは模倣可能性です。これらの4つを満たしていれば、競争優位性を継続的に保つことができると判断できますがとりわけ他社が模倣できないことは競争優位を考える上で最も重要な視点だからです。

バリューチェーン分析41や**7S**75などの項目を、それぞれVRIO分析すると、強みと弱みを把握でき、戦略を立てやすくなります。

ポイント

競争優位を持続するために不足している点をいかに強化するか、という視点で考えてみましょう。

Book

『企業戦略論（上）（中）（下）』
ジェイ・B・バーニー著
戦略の本質、競争優位とは何なのか、企業の成功をいかにして持続させるかなど、バーニーによる戦略論の大著。日本語版は上中下巻に分かれ、アメリカではMBAの必須テキストとしておなじみ。

マイケル・ポーターの「もうかる市場」で戦うのか、自社の強みで戦うのか、という論争があります。

Question 05

PEST分析に＿＿＿＿＿＿を加えて、「PESTE」とすることもある。

Question 06

SWOT分析のSは＿＿＿＿＿＿、Wは＿＿＿＿＿＿、Oは＿＿＿＿＿＿、Tは＿＿＿＿＿＿を指す。また、SWOT分析のSとWは＿＿要因、OとTは＿＿要因を分析する。

Question 07

たとえば「機会×強み」「脅威×弱み」などとかけ合わせる分析手法を＿＿＿＿＿分析と呼ぶ。

Question 08

3C分析は＿＿＿＿＿＿、＿＿＿＿＿＿、＿＿＿＿＿＿の3つの切り口で分析する。

Question 09

3C分析は＿＿＿＿＿＿を入れて、「4C」とすることもある。

Question 10

VRIO分析を考案したのは、経営学者の＿＿＿＿＿＿＿＿＿＿。

Question 11

VRIO分析は、企業がどのような＿＿＿＿を持っているか、それを活用する＿＿があるかを分析する。

Question 12

VRIO分析は、以下の4つの切り口から分析していくフレームワーク。Vは＿＿＿＿＿＿、Rは＿＿＿＿＿＿、Iは＿＿＿＿＿＿、Oは＿＿＿＿＿＿＿＿であある。

Examination

Part 3

「外部環境・内部環境」テスト

2つの分析手法をマスターし、自社の状況を把握しよう！

第3章では現状分析の2つの方法を学びました。すなわち、会社の事業に影響を与える外の要因に起因する「外部分析」、社内の要因に関する「内部分析」です。それでは、「おさらい」してみましょう。

＊設問の答えは94ページに掲載しています

Question 01

PEST分析は____を分析、____分析と__分析は内部と外部双方を分析、VRIO分析は、____を分析する手法。

Question 02

外部要因のうち、人口、政治、経済、環境、技術、文化は______環境、市場動向は______環境。

Question 03

自社が成功するためのポイントをKSF（______________）という。

Question 04

PEST分析のPは____________、Eは______________、Sは____________、Tは______________を指す。

Answer Part 3

Question 01	□	PEST分析は**外部**を分析、**SWOT**分析と**3C**分析は内部と外部双方を分析、VRIO分析は、**内部**を分析する手法。
Question 02	□	外部要因のうち、人口、政治、経済、環境、技術、文化は**マクロ**環境、市場動向は**ミクロ**環境。
Question 03	□	自社が成功するためのポイントをKSF（Key Success Factor）という。
Question 04	□	PEST分析のPは**政治（Politics）**、Eは**経済（Economics）**、Sは**社会（Society）**、Tは**技術（Technology）**を指す。
Question 05	□	PEST分析に**環境（Ecology）**を加えて、「PESTE」とすることもある。
Question 06	□	SWOT分析のSは**強み（Strength）**、Wは**弱み（Weakness）**Oは**機会（Opportunity）**、Tは**脅威（Threat）**を指す。また、SWOT分析のSとWは**内部**要因、OとTは**外部**要因を分析する。
Question 07	□	たとえば「機会×強み」「脅威×弱み」などとかけ合わせる分析手法を**クロスSWOT**分析と呼ぶ。
Question 08	□	3C分析は**市場・顧客（Customer）**、**競合（Competitor）**、**自社（Company）**の3つの切り口で分析する。
Question 09	□	3C分析は**協力業者（Co-operator）**を入れて、「4C」とすることもある。
Question 10	□	VRIO分析を考案したのは、経営学者の**ジェイ・B・バーニー**。
Question 11	□	VRIO分析は、企業がどのような**経営資源**を持っているか、それを活用する**能力**があるかを分析する。
Question 12	□	VRIO分析は、以下の4つの切り口から分析していくフレームワーク。Vは**価値（Value）**、Rは**希少性（Rarity）**、Iは**模倣可能性（Imitability）**、Oは**組織体制（Organization）**である。

Part 4

Corporate Strategy and Formulate a Growth Strategy

第4章

全社戦略・成長戦略

全社戦略とは、文字通り企業全体の戦略です。ヒト・モノ・カネなどの資源をどのように有効活用して、競合企業と戦っていくのかを決めるための戦略です。成長戦略はそれをうながすための方法です。

21 事業ドメインの設定

Set a Business Domain

まず、どこで戦うのかを決める

経営戦略を策定するときには、最初に全社戦略を策定し、事業戦略、機能別の戦略（営業、生産、人事など）へと落とし込むのが基本です。

全社戦略を策定する上で非常に重要なのは、事業領域すなわち「ドメイン」を設定することです。電機メーカーなら、「家電」「重電（工場などの電気設備）」などがその例です。

重要なことは、自社が最も強みを発揮することができ、将来的にも成長が望めるドメインを見つけ出し、そこに資源を集中投下することです。

ドメインの難しさは、狭過ぎてもよくないこと。有名な例は、アメリカの鉄道会社の例です。自社の事業を「輸送」事業ではなく「鉄道」事業と考えていたために、輸送サービスをないがしろにし、トラックや飛行機などに追い抜かれてし

事業ドメインの例

	企業名	事業ドメイン
サービス	NEC	C&C（コンピューター&コミュニケーション）
	ガンホー	ゲームを軸としたサービス事業
顧客軸	楽天	eコマース、電子書籍、金融
	オリックス	金融機関が提供できないサービス
製品・技術軸	カゴメ	トマトを軸とした事業
	キヤノン	光学技術を軸とした事業
機能軸	ヒューレットパッカード	ソリューション・サービス
	電通	トータル・コミュニケーション・サービス

まい、凋落《ちょうらく》の一途をたどることになりました。

最も適切なドメインを見つけ出すには、顧客軸（誰に対して事業を行うのか）、製品・技術軸（どのような技術を活用して事業を行うのか）、機能軸（顧客に対してどのような機能を提供したいのか）の3つの切り口で考えるとよいでしょう。

また、今は小さい市場も将来的に成長するかどうかはとても大切です。たとえば、スマートフォン・ゲームなどは、スマートフォンの普及に従い急激に大きくなりました。また、タイミングも非常に重要です。あまりにも早いと市場が存在せず、逆に遅いと乗り遅れてしまいます。

成熟産業でも新しいビジネスモデルを導入することによって急成長することも可能です。たとえば格安ホテル、立ち食い高級レストランなどはその顕著な例です。

ポイント

ドメイン設定で最も大事なことは、多角的な視点で行うことです。

目先の利益にとらわれず、常に経営理念に基づいた事業ドメインの設定を心がけましょう。

22 コア・コンピタンス

Core Competence

自社の強みの中でも圧倒的な強みを生かす

コア・コンピタンスはロンドン・ビジネス・スクールのゲイリー・ハメル客員教授とミシガン大学ビジネス・スクールのC・K・プラハラード教授の2人が提唱した概念です。「顧客に対して、他社にはまねのできない自社ならではの価値を提供する、企業の中核的な力」「自社が強みを発揮するための経営資源」です。

コンピタンスは企業の持つ強みですが、その中でも圧倒的な強みをコア、つまり核となる強みと定義しています。

コア・コンピタンスの要素は、「**模倣可能性**」「**移転可能性**」「**代替可能性**」「**希少性**」「**耐久性**」の5つ。自社の中核的な力がこれらを満たしていれば、コア・コンピタンスといえます。たとえば、ナイキは著名人を使った広告宣伝で培った「ブランド」、ウォルマートなら、全米に低コストで効率よく

「コア・コンピタンスとは何か」を見極めるために必要なこと

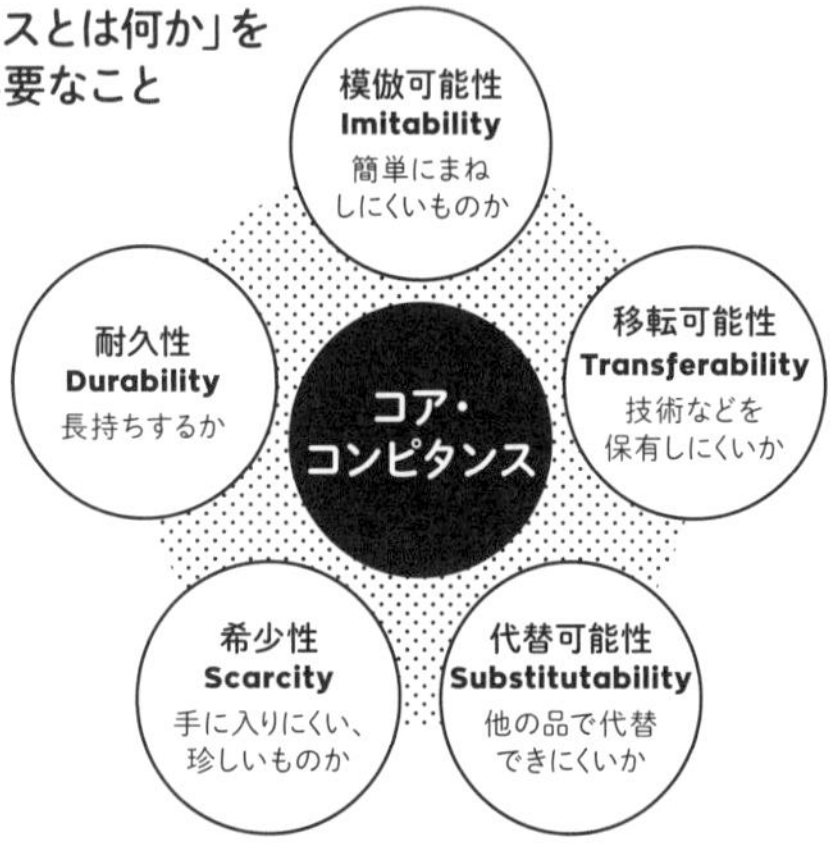
コア・コンピタンス
模倣可能性
Imitability
簡単にまねしにくいものか
移転可能性
Transferability
技術などを保有しにくいか
代替可能性
Substitutability
他の品で代替できにくいか
希少性
Scarcity
手に入りにくい、珍しいものか
耐久性
Durability
長持ちするか

商品を運べる「物流ネットワーク」、ソニーなら「小型化技術」、トヨタなら「**かんばん方式**59」、アメリカン・エキスプレスなら「物流管理システム」などがそれにあたります。その他、技術開発力や、組織全体が持つ共通の価値観などもコア・コンピタンスといえるでしょう。

コア・コンピタンスの要素が有効かどうかは市場環境や時代とともに異なり、いったん確立したものでもすぐに陳腐化してしまう可能性があります。そのため、常にコア・コンピタンスの見直しを行うことが大切です。さらに、本当にそれがコア・コンピタンスかどうかは、客観的なデータに基づくことが大切です。

「企業の経営資源」に着目する点において、リソース・ベースト・ビューの中心的な立場に立っています。

ポイント

現在のコア・コンピタンスが、将来もそうあり続けられるとは限りません。新たな種を育てましょう。

自社の強みは自社ではわからないことも多いので、外部専門家の評価を取り入れることも大切です。

Book

COMPETING for the FUTURE
コア・コンピタンス経営
未来への競争戦略
ゲイリー・ハメル&
C・K・プラハラード

『コア・コンピタンス経営 ── 未来への競争戦略』ゲイリー・ハメル、C・K・プラハラード著

21世紀、競争に勝ち抜いていくために必要なのは何か。それは、コア・コンピタンスを強化して、未来の市場で主導権を握ること。アメリカ、日本でベストセラーとなったハメルとプラハラードの代表作。

23 多角化戦略
Diversification Strategy

事業をリスク分散するために

成長戦略を考える上で重要なのが「**多角化戦略**」です。多角化のメリットは、新たな収入源が確保できる上、収益源が複数できることで、リスク分散につながることでしょう。

また、現在の業務と関連性のある事業を選べば、シナジーを期待できます。たとえば、同じ販売チャネルや工場を利用できる場合や、保有しているブランド力の向上につながるケースもあります。また、既存の人材やノウハウが活用できれば、人材育成や技術開発を一からする必要もありません。

一方で多角化戦略はリスクも大きくなります。1980年代に日本でブームになったものの、多くの企業が失敗しました。それらの多くはリゾート開発やゴルフ場経営など、本業とかい離した事業を手がけたものが多かったのです。

本業の延長線上にあり、シナジーが期待できる事業ならば、

4つの多角化戦略

多角化種別	概要
水平型 Horizontal	現在と同じ顧客に対し、新たな製品を提供する
垂直型 Vertical	上流から下流まで、複数の工程に進出する
集中型 Concentric	現在の製品と近い新製品で新たな市場へ進出する
集成型 Conglomerate	現在の製品と関係ない新たな市場へ進出する

十分に検討する余地があるでしょう。**ドメインを設定**㉑し、経営理念という枠を設定することで、軸がぶれにくくなります。経営資源、特に人材などが不足するケースが多いので企業買収（**M&A**㊳）や他の企業との提携（**アライアンス**㊴）も視野に入れて検討することが大切です。

また、限られた経営資源をいかに有効活用するかが重要になり、**PPM**㉕などのフレームワークを使い効率的な資源配分が大切です。GE（ゼネラル・エレクトリック）の元CEO（最高経営責任者）のジャック・ウェルチは世界で一番か二番になる事業だけに「選択と集中」を行うことで成功しました。

アンゾフの製品─市場マトリックス㉔を使って多角化リスクの軽減を図ることも大切です。

ポイント

多角化を目指す際には、事業ドメイン、経営理念を明確化してから行うことが大切です。

Keyword

ナンバーワン、ナンバーツー戦略

業界で1位、2位の戦略だけを残し、競争力がない事業からは撤退してしまうジャック・ウェルチが行った戦略。

むやみに多角化をすることは危険ですが、市場が縮小している中では避けては通れない戦略といえます。

24

アンゾフの製品—市場マトリックス（成長ベクトル）

Product-Market Growth Matrix

事業拡大を検討する際のフレームワーク

事業を拡大する際には、これまでの事業と関連性のある事業を手がける方が、リスクは低くなり、成功する可能性も上がります。そうした考え方を基にした、事業拡大策を練るためのフレームワークが、経営学者イゴール・アンゾフによる**「製品—市場マトリックス」（成長ベクトル）**です。

下図のマトリックスのように、事業拡大を「新製品を開発するか、既存の製品のままいくか」（製品軸）と「これまでの市場で戦うか、新市場に進出するか」（市場軸）という2つの軸で考えます。すると、**「市場浸透」「新製品開発」「新市場開拓」「多角化」**という4つの方向性が浮かび上がります。

新規商品を新規市場で展開しようとする多角化は最も難易度が高い領域となります。

アンゾフはさらに次のような**多角化**㉓が可能だとしていま

アンゾフの製品—市場マトリックス

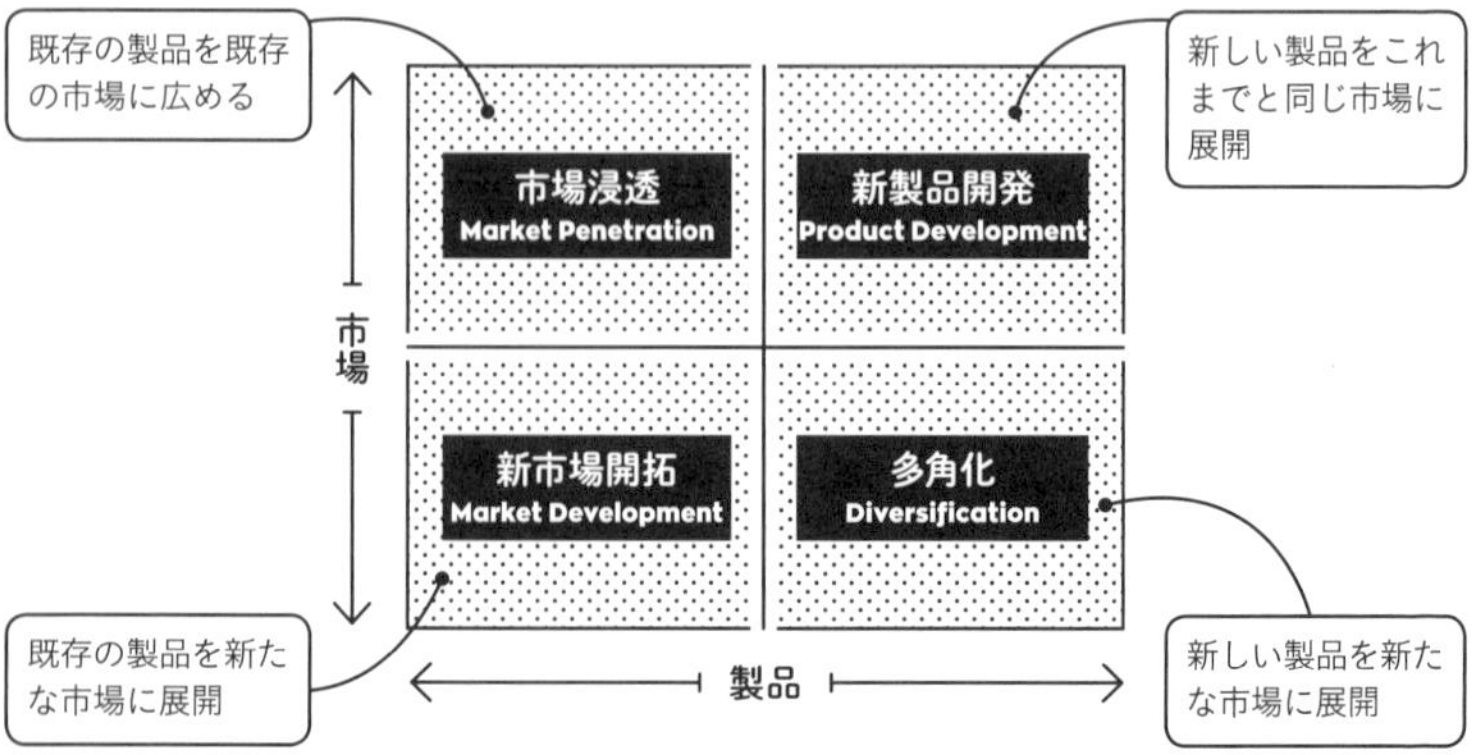
既存の製品を既存の市場に広める
新しい製品をこれまでと同じ市場に展開
市場浸透
Market Penetration
新製品開発
Product Development
市場
新市場開拓
Market Development
多角化
Diversification
既存の製品を新たな市場に展開
新しい製品を新たな市場に展開
製品

す。

①水平型多角化：同じ分野で多角化する。たとえばレストランチェーンが和食からイタリアンに展開するなどです。

②垂直型多角化：バリューチェーンの上流・下流に事業を広げて多角化する。たとえば製造メーカーが販売まで進出するなどです。

③集中型多角化：現在の製品・サービスに近い市場に多角化する。たとえばパソコンメーカーのアップルが音楽業界に進出した例などです。

④集成型多角化：まったく新しい市場に新しい商品・サービスを提供する方法。たとえばセブン銀行などがあります。

このマトリックスにビジネス・システムの変更による成長、という軸を加えると戦略の選択肢がより広がります。

ポイント

自社の現在有する資源をいかに有効活用できるかを具体的に検討してみましょう。

Book

STRATEGIC MANAGEMENT
H.IGOR.ANSOFF
CLASSIC EDITION
アンゾフ戦略経営論
戦略経営の源流

『アンゾフ戦略経営論 新訳』
H・イゴール・アンゾフ著
「戦略経営の父」とも呼ばれるアンゾフの名作。日本語版は2007年に新訳が発行された。

新しい成長市場を見つけることが、成功の確率を上げるのです。

25 BCGのPPM

Product Portfolio Management

資金分配のためのフレームワーク

PPMは、ボストン・コンサルティング・グループ（BCG）が提唱した資金配分のためのフレームワークです。1960年代からアメリカ企業では多角化（コングロマリット化）が進み、限られた資金をどの事業に振り分けるかが重要課題になり、その際に提案されたのです。

PPMの大きな特徴は下図にあるように、事業状況が端的にわかることです。状況を示すのは次の4つ。①**花形**（Star）：マーケットシェアと市場成長率が高い（売上も伸びるが先行投資が多いので利益は少ない）、②**金のなる木**（Cash cow）：市場成長率は低いがマーケットシェアが高い（市場を制覇し、かつ先行投資が減ってくるので収益性が高い）、③**問題児**（Problem child）：市場成長率は高いが、マーケットシェアが低い（市場成長率が高いうちに、花形を目指して先行投資が必要）、

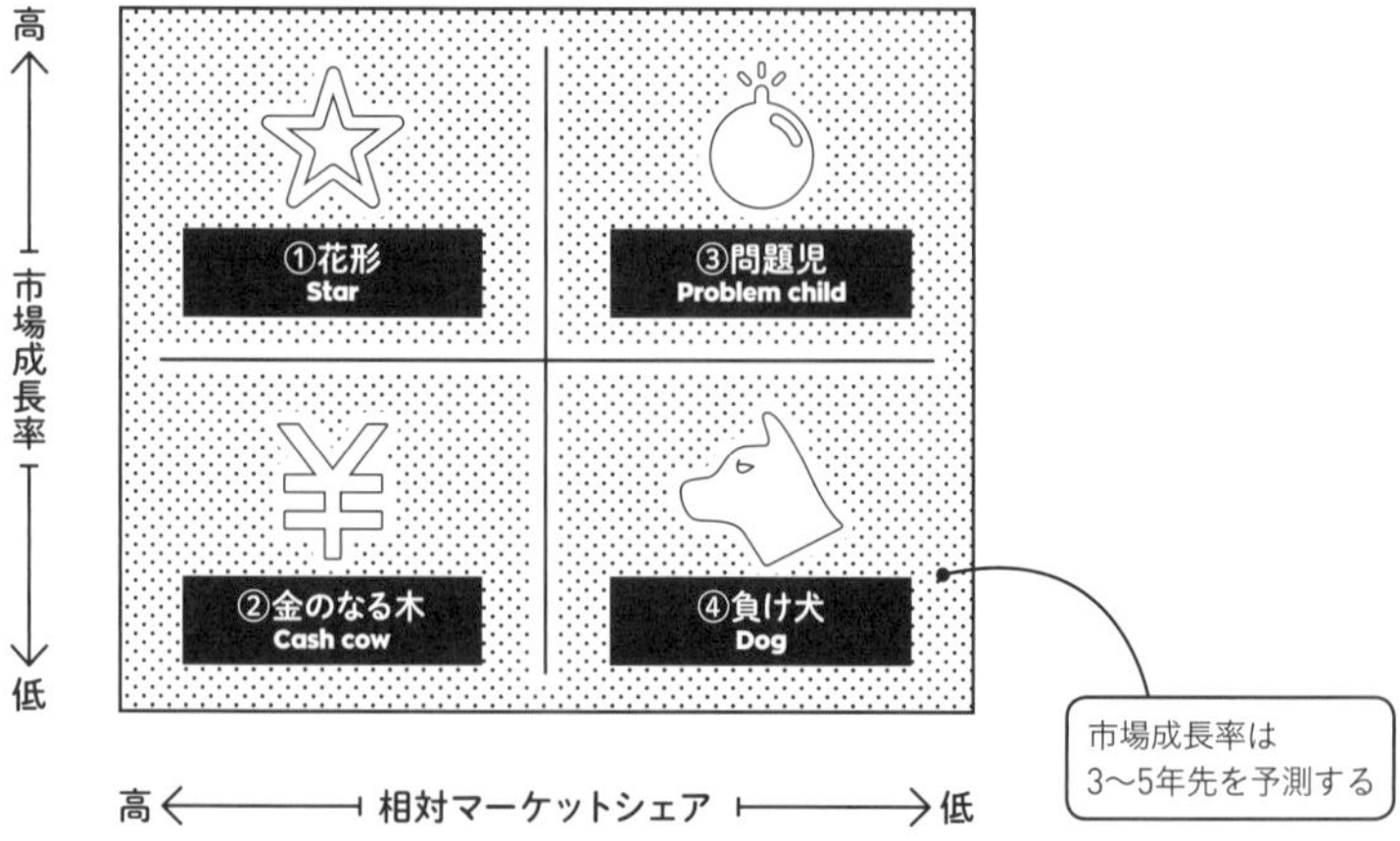

④負け犬（Dog）：成長率もマーケットシェアも低い（成長率が低いので、シェア挽回のチャンスが低い。負けが決定している）。

事業分野を成長率と占有率の2軸で4つのいずれかに分類するのは非常にシンプルでわかりやすい半面、事業戦略としては単純化し過ぎているとして、いくつかの課題があります。たとえば各事業分野は相互に関連する例が多く、PPM以外にも考慮すべき要因が多数あるのです。また、「負け犬」や「問題児」に分類される分野であっても、「花形製品」や「金のなる木」のシェア維持に必要な事業である場合（たとえば補完財など）もあるので、すぐに撤退という判断はできません。さらに、「金のなる木」でもイノベーションで競争条件が変更されたり、市場成長率が高まったりすることもあります。

ポイント

マーケットシェアを図にする際には、高低は逆なので注意しましょう。

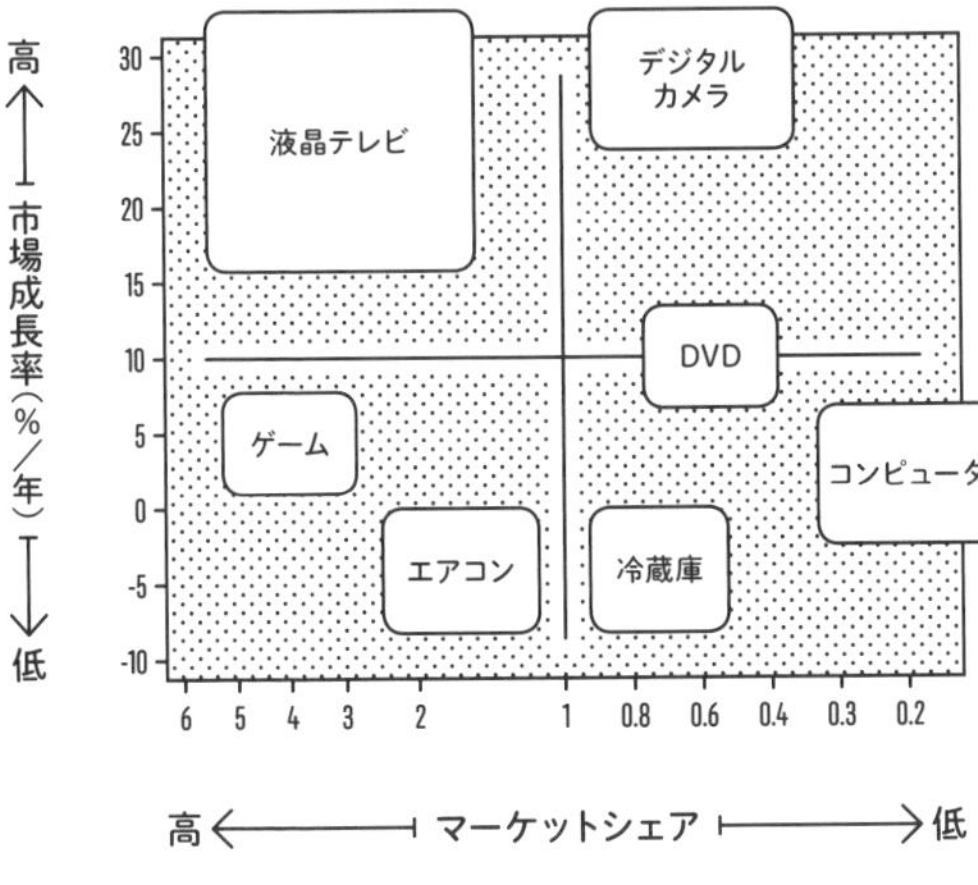

Book

『BCG 戦略コンセプト』
水越豊著
BCG日本共同代表である著者が、BCGの提供する主要なコンセプトを紹介。世界のトップ企業がこぞって導入する戦略原理を学ぶことができる。

26 GEのビジネススクリーン

Business Screen

資金配分を検討する際に利用する!

前項で紹介した**PPM**㉕は「単純すぎる」という批判もあります。そこで、PPMよりも精緻に資金配分を検討できるように、とGE（ゼネラル・エレクトリック）とマッキンゼーアンド・カンパニーが共同で開発したのが、「**ビジネススクリーン**」です。しかし逆に複雑であったためにあまり普及していないのが現実です。GEは世界最大のコングロマリット（複合企業）ですが、トーマス・エジソンの照明会社がその起源です。現在ではGEキャピタルなどの金融業にも進出しています。業界1位、2位の事業を残し、競争力がない事業から撤退する「**ナンバーワン、ナンバーツー戦略**」で有名です。GEがビジネススクリーンを開発した背景には、1970年代に日本企業が低価格戦略でアメリカ企業を脅かすほどに世界を席巻《せっけん》し始めていたことがあります。

Link

ナンバーワン、ナンバーツー戦略

➡ P101

Company

GE（ゼネラル・エレクトリック）

設立は1878年。インフラストラクチャー、金融、メディアという3つの事業を柱に、世界100カ国以上で、約30万人の社員を抱える。

下図のように、「事業強度」と「産業魅力度」という2つの軸で、マトリックスをつくります。それぞれ高・中・低の3段階で、計9つのセルをつくり各事業をあてはめていきます。

「**事業強度**」とは、PPMの相対マーケットシェアに相当する要素で、市場における地位や競争上の地位など複数の指標から評価します。一方、「**産業魅力度**」は、PPMの市場成長率に相当する要素で、市場の規模や成長率だけでなく収益性などの指標から評価します。

そして、マトリックスのどの位置に相当するかで、投資を増強すべきか、見極めが必要か、撤退すべきかを検討します。

ビジネススクリーンではPPMにはない定性的評価基準を導入できるというメリットがあります。

ポイント

ビジネススクリーンは、指標の評価が恣意的にならないように注意が必要です。

右図において、左上の方が投資優先順位が高いものです。

産業魅力度＼事業強度	高	中	低
高	投資成長	投資成長	選別維持
中	投資成長	選別維持	収穫撤退
低	選別維持	収穫撤退	収穫撤退

（縦軸：産業魅力度　横軸：事業強度）

27 ブルー・オーシャン戦略

Blue Ocean Strategy

競合がいないジャンルを探すために

ブルー・オーシャン戦略は、W・チャン・キムとレネ・モボルニュ両教授によって提唱された戦略です。彼らによれば、多くの企業は、競合他社がひしめく市場や領域で血みどろの競争を繰り広げているといいます。そうした市場や領域を「レッド・オーシャン」と呼び、レッド・オーシャンの市場では、競争が激しくなかなか利益が出ず消耗戦になり他社に負けてしまいます。

それに対し、競争のない未知の市場、「ブルー・オーシャン」をつくり出し、低コストと差別化を同時に実現することで利益を上げようという戦略です。

この戦略によって成功した例として以下があります。10分1000円の理容室、QBハウスは忙しいビジネスパーソンをターゲットにして、「平日の空いた時間に仕事場の近くで、

Book

『ブルー・オーシャン戦略――競争のない世界を創造する』W・チャン・キム、レネ・モボルニュ著
T型フォードからシルク・ドゥ・ソレイユまで、過去120年間30以上の業界で生み出されたブルー・オーシャン戦略を調査。

レッド・オーシャンとブルー・オーシャン

レッド・オーシャン Red Ocean	ブルー・オーシャン Blue Ocean
既存の市場空間で競争する	競争のない市場空間を切り開く
競合相手を打ち負かす	競争を無意味なものにする
既存の需要を引き寄せる	新しい需要を掘り起こす
低コスト、差別化、どちらかの戦略を選んで、企業活動すべてをそれに合わせる	低コストと差別化をともに追求し、その目的のためにすべての企業活動を推進する

安く早く手軽にカットする」という普通とはまったく逆の戦略をとり大成功しました。サウスウエスト航空はサービスを最小限に抑え座席指定もない代わりに極めて低価格の基本料金を実現し人気を博しています。

ブルー・オーシャン戦略では、「**戦略キャンバス**」というツールを用いて、市場の分析を行います。そのツールの例は下図のように横軸は「業界各社が客をつかむために力を入れていること」、縦軸は「客が得られる価値の度合い」を表します。このグラフを「業界標準」「ライバル会社」「自社」のパターンでつくると、業界や自社が置かれている状況がひと目でわかります（このグラフの曲線を「**価値曲線**」といいます）。他社と重複しない価値曲線をつくることで、ブルー・オーシャンを見つけ出すヒントが得られるでしょう。

ポイント

ブルー・オーシャン戦略は低コストと差別化を同時に実現する戦略です。

戦略キャンバス（QBハウスの事例）

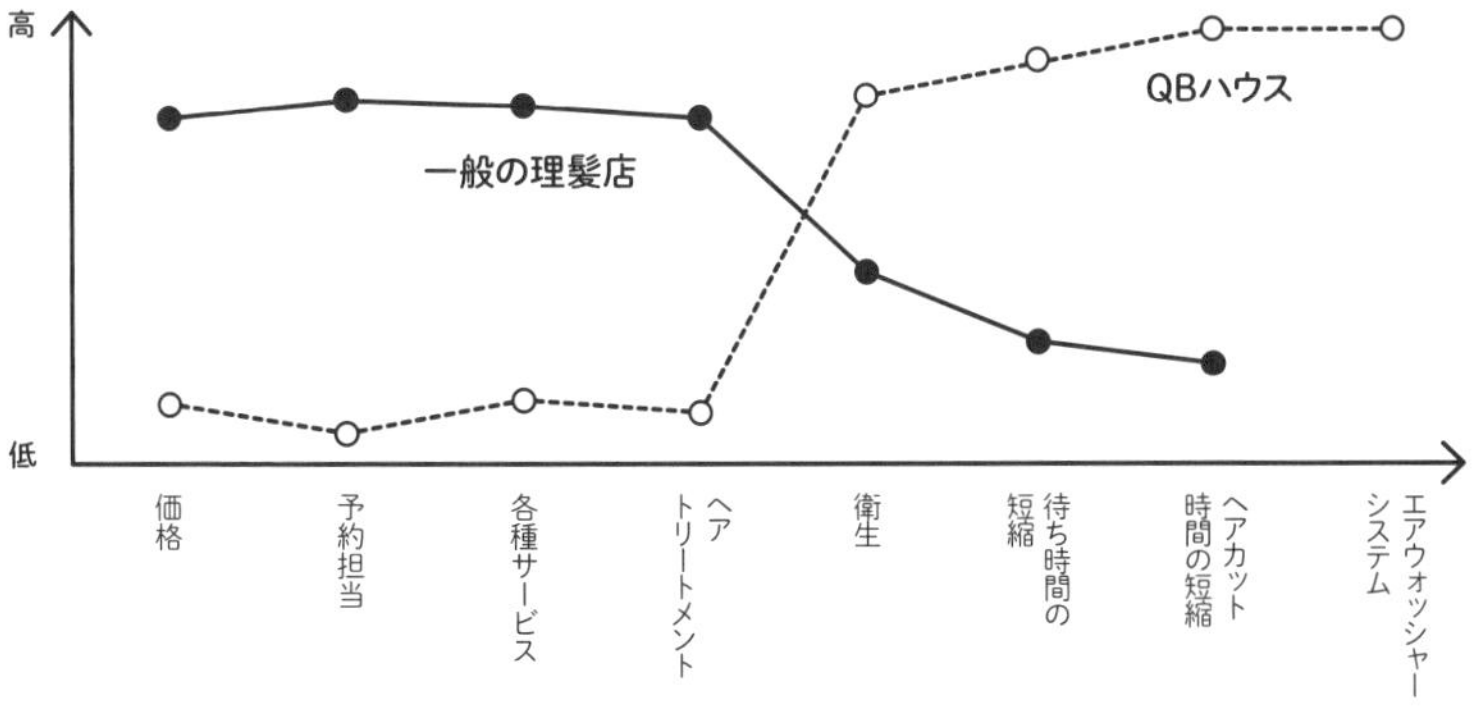

『ブルー・オーシャン戦略』103ページの図を基に作成

28 プラットフォーム戦略®

Multisided-Platform Strategy

21世紀の勝ち組企業の経営戦略

プラットフォーム戦略®とは、関係する企業やグループを「場＝プラットフォーム」にのせることで、新しい事業のエコシステム（生態系）を構築する21世紀の勝ち組企業の経営戦略として今最も注目されている経営戦略です。

具体的な成功事例としては、グーグル、フェイスブック、アマゾン、楽天などのインターネット企業の他、六本木ヒルズやアウトレットショッピングモール、クレジットカード、築地市場、合コンなど、身近なところに存在しています。

たとえば楽天は「楽天市場」という「場＝プラットフォーム」に、モノを売りたい日本全国の中小の小売店をたくさん集めています。楽天自体は決してモノを売っているわけではありません。しかし、こうした小売店の商品を買うには楽天の会員になる必要があります。つまり楽天は全国の小売店に

Book

『プラットフォーム戦略』平野敦士カール、アンドレイ・ハギウ著
楽天、Twitter、フェイスブック、任天堂など、21世紀も高成長を続ける企業に共通する「プラットフォーム戦略」を解説。

ショッピングモールのプラットフォーム

他社の力を利用して集客→利益率の高い自社のビジネスへ誘導していく

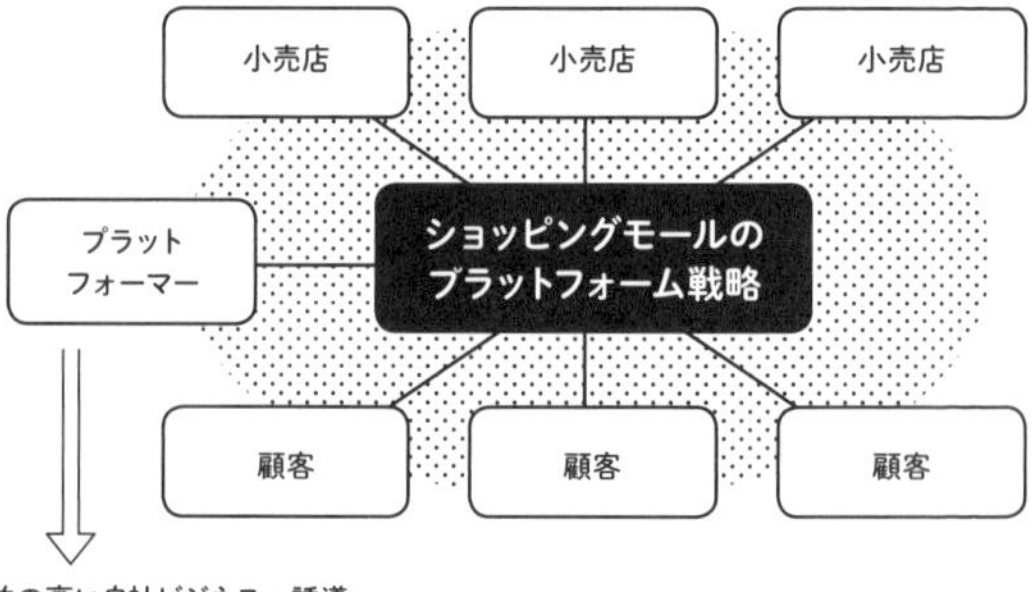

プラットフォーム戦略®は株式会社ネットストラテジーの登録商標です。

「プラットフォーム」に参加してもらいユーザーを集めて自社の楽天会員を増やし、さらに粗利益の高い楽天カードのような自社ビジネスに誘導することで高い収益を上げています。すなわち楽天市場を「フロント」、金融事業を「バックエンド」として、楽天ポイントを軸に「楽天経済圏」のような生態系を構築したのです。

一方で企業が他社のプラットフォームに参加する際に気を付けなければいけない点が「**プラットフォームの横暴**」です。プラットフォームが次第に力をつけてくることにより当初は予想もしなかったような横暴をするようになる危険があるのです。具体的には①利用料の値上げ、②垂直統合、③ユーザーとの関係の弱体化などです。しっかりとした自社の戦略を持ってから参加することが大切です。

ポイント

最も大切な思考は「1人で1億円稼ぐのではなく10人で100億円稼ぐ」ことで利益が10倍になるということです。

プラットフォーム構築の9つのフレームワーク

- **Step 1** 事業ドメインを決定する
- **Step 2** ターゲットとなるグループを特定する
- **Step 3** プラットフォーム上のグループが活発に交流する仕組みをつくる
- **Step 4** キラーコンテンツ、バンドリングサービスを用意する
- **Step 5** 価格戦略、ビジネスモデルを構築する
- **Step 6** 価格以外の魅力をグループに提供する
- **Step 7** プラットフォーム上のルールを制定し、管理する
- **Step 8** 独占禁止法などの政府の規制・指導、特許侵害などに注意を払う
- **Step 9** 常に「進化」するための戦略をつくる

29 ソーシャルメディア・プラットフォーム戦略®

A Social Strategy

人々の交流を推進し、売り上げを上げる

元ハーバード・ビジネス・スクール准教授であるピスコロスキ（通称ミシック）博士が、成功するソーシャルメディアの構築方法およびソーシャルメディアを活用して企業が収益を上げるために提唱したフレームワークです。

オフラインの世界では、もし交流が実現すればお互いに便益を得るにもかかわらず、実際には実現できない交流が数多く存在しており、これらの実現されていない相互交流のことを「ソーシャルの失敗」と呼びます。

なぜこのような「ソーシャルの失敗」が起きるのかといえば、さまざまな相互交流に関するコストが発生しているからで、具体的には「**広がり**（Breadth）」「**表現**（Display）」「**検索**（Search）」「**コミュニケーション**（Communication）」の4つの相互交流コスト（略してBiSC）があり、さらにそれぞれに経済

ソーシャル戦略のタイプ

戦略的インパクト Impact on Strategy		ソーシャル・ソリューション Social Solution 出会い促進	ソーシャル・ソリューション Social Solution 友だち増加
	WTP Willingness to Pay	アメリカン・エキスプレス	ナイキ
	低コスト Low Cost	Yelp（ローカルビジネス・レビューサイト）	Zynga（ソーシャルゲーム会社）

的事由によるコストと社会的（規範）事由によるコストの2種類があるのです。

成功する「ソーシャル・ストラテジー」とは、人々の満たされていない社会的ニーズを満たすことができるように、人々の手助けを企業が先に行うことで、企業にとってメリットのある業務の一部を人々に代行してもらい、よって、企業はコストを低減し、あるいは、**人々の購買意欲の向上**（WTP＝Willingness to Pay）を実現できるという、社会的利益と企業の競争優位性の両立を実現する戦略です。

「ソーシャル・ストラテジー」を構築する際には、WTPを狙うのか、コスト削減を目指すのか、さらに「出会い」ソリューションと「友だち」ソリューションのどちらを用いるべきなのかを検討します。

ポイント

ソーシャルメディアをいかに収益に結びつけるかは、企業が人々の交流を促進する手助けができるかどうかです。

デジタル・ストラテジーからソーシャル・ストラテジーへ、転換することが重要です。

Book

ハーバード流
ソーシャルメディア・
プラットフォーム戦略
A SOCIAL STRATEGY

『ハーバード流ソーシャルメディア・プラットフォーム戦略』ミコワイ・ヤン・ピスコロスキ著

ハーバード・ビジネス・スクールで唯一のソーシャルメディアの専門家であった著者が、膨大なデータ分析とトップマネジメントへのインタビューを基に、60社以上の実例から導き出されたフレームワークを提供。いかにしてソーシャルメディアを利用して収益向上やコスト削減に成功できるかについて解説する。

30 フリー戦略

Free Strategy

時代の寵児となった、無料＋プレミアム

フリー戦略は、クリス・アンダーソン氏の著書によって一躍有名になった経営戦略です。「フリー」をコンセプトにしたビジネスは、いくつかの種類があります。「ひとつ買えばひとつタダ」というのもそうですし、グーグルのように広告主が費用を払うことで利用者が無料で使えるというのも、そのひとつです。

特に注目されているのは、**「フリーミアム」**と呼ばれるビジネス戦略です。これは、アメリカのベンチャー投資家であるフレッド・ウィルソン氏がつくり出した、「フリー（無料）」と「プレミアム（有料）」を合わせた造語です。一言でいえば、サービスや商品を無料で提供して多くの顧客を獲得した上で、ごく一部の顧客に有料サービスを使ってもらい、全体として収益を上げるという戦略です。主にＩＴを使った

フリーミアム（Free＋Premium）モデル

従来	無料試供品10% ＜ **有料90%**
フリーミアム	**無料会員90%** ＞ 有料会員10%

サービスで活用されており、無料電話の「スカイプ」、クラウドサービスの「エバーノート」や「ドロップボックス」、「パズドラ」のようなスマートフォンのソーシャルゲーム、ラインなどは、その代表例といえます。

「化粧品や健康食品の無料サンプルとどこが違うのか」と思うかもしれませんが、無料サンプルの場合は、無料で配る分と有料で購入される分の割合を比べると、有料の方が圧倒的多数を占めます。そうでないと、割に合わないからです。しかし、フリーミアムの場合は、有料ユーザーよりも無料ユーザーの方が圧倒的多数を占めます。これは、ITを使うことで変動費を極めて低コストにできるからです。フリーミアムを採用する場合に実際に有料サービスに加入する割合は4～6％、多くて10％といわれています。

ポイント

フリーミアムは無料で集客し一部のユーザーが有料サービスに加入することで全体として利益を生み出す戦略です。

インターネットの世界だけでなく、通常は商品として提供できない割れたおせんべいなどを実際の店舗で無料で提供し、来店客を増やすことでその一部の顧客が有料の商品を購入する事例などもあります。

Book

『フリー――〈無料〉からお金を生みだす新戦略』
クリス・アンダーソン著
なぜ、一番人気のあるコンテンツを有料にしてはいけないのか？ 2004年に「ロングテール」という言葉を『ワイアード』誌で世に知らしめた著者による戦略論。

31 暗黙知と形式知（SECIモデル）

SECI Model

日本発の世界的な経営理論

日本から発信され世界的に広まった経営理論として著名なのが野中郁次郎一橋大学名誉教授が1990年代に提唱した「SECI《せき》モデル」です。1980年代、日本企業は世界的な成功を遂げていました。しかし、その成功要因は西洋人から見て謎とされていました。野中氏は、それを「暗黙知から形式知への転換にある」と説明しました。

企業の持つ知識は、個人がノウハウとして持っているが、主観的であり、言葉に言い表しがたい「暗黙知」と、言葉に言い表せる「形式知」の2種類があります。日本企業は、特に製品開発において、この暗黙知を形式知に変えて、社内の人と共有し、新たな知を生み出すのが上手なのだと主張しました。

「SECIモデル」は、その知を生み出すプロセスを示した

SECIモデル

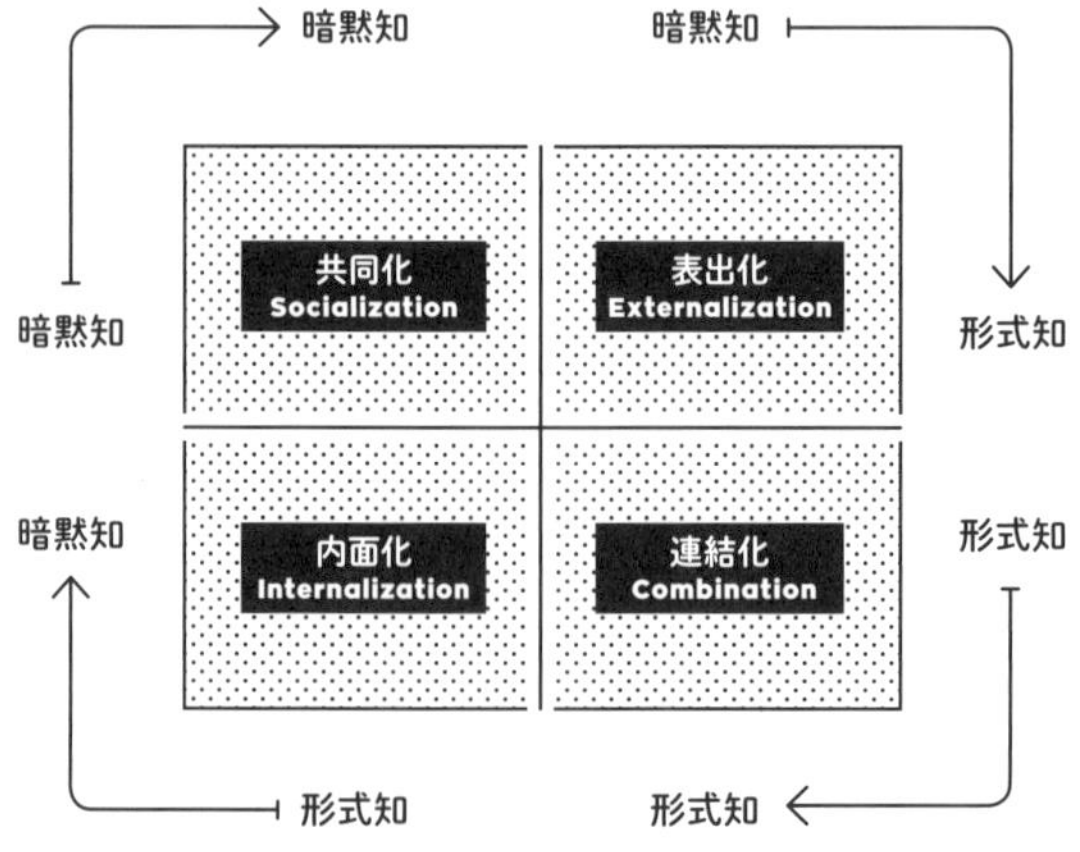

ものです。下図のように、そのプロセスには4つの段階があります。

「**共同化**」（Socialization）は、経験を共有することで、暗黙知を伝えるプロセス、続く「**表出化**」（Externalization）は、その暗黙知を明確な言葉、つまり形式知に落とし込むプロセスです。次の「**連結化**」（Combination）は、形式知化したものを組み合わせて、新たな形式知をつくり出すプロセス。そして「**内面化**」（Internalization）は、表出・連結化した形式知を実際に活用してみることで、それぞれの中で暗黙知化するプロセスです。

この4つのプロセスをぐるぐる回すことで、日本企業は新たな知を創造してきたというわけです。

残念なことに世界の企業はこのことを学ぶことで日本企業を凌駕《りょうが》してしまった感があります。

ポイント

SECIモデルは、言葉に言い表しがたい個人のノウハウを社内の他人と共有することで新たな知を創造するものです。

Book

The Knowledge-Creating Company
知識創造企業

『知識創造企業』野中郁次郎、竹内弘高著
すべての企業は「知識創造」をしていかなければ生き残れない。世界が認めた日本人による初の「経営理論」。

日本メーカーの躍進は、暗黙知を形式知に変えることで、社内の人と共有し、新たな知を生み出すのが上手だったからなのです。

32

マイケル・ポーターのCSV

Creating Shared Value

社会貢献を事業そのものに組み込む

CSVはハーバード・ビジネス・スクール教授のマイケル・ポーターらが『ハーバード・ビジネス・レビュー』誌に2006年と2011年の論文で提唱した企業と社会貢献に関する新しい概念です。

ポーターは企業のCSR（企業の社会的責任＝Corporate Social Responsibility）活動、すなわち寄付やフィランソロピー（社会貢献）による自社のイメージを向上させる活動は企業の宣伝に終わってしまっており、社会に大きな影響を及ぼさなかったとしました。また、CSRは事業戦略と密接なものであるべきでありそれを戦略的CSRと呼びましたが、現在はCSVと呼んでいます。背景としては、社会と共有できる価値を創造するために必要な技術、人脈などは企業の中に蓄積されていること、顧客や取引先も、事業戦略に社会的な価値のある

CSRとCSVの違い

CSR Corporate Social Responsibility	CSV Creating Shared Value
価値は「善行」	価値はコストと比較した経済的便益と社会的便益
シチズンシップ、フィランソロピー、持続可能性	企業と地域社会が共同で価値を創出
任意、あるいは外圧によって	競争に不可欠
利益の最大化とは別物	利益の最大化に不可欠
テーマは、外部の報告書や個人の嗜好によって決まる	テーマは企業ごとに異なり、内発的である
企業の業績やCSR予算の制限を受ける	企業の予算全体を再編成する
たとえば、フェア・トレードで購入する	たとえば、調達方法を変えることで品質と収穫量を向上させる
いずれの場合も、法律・倫理基準の遵守と、企業活動からの害悪の削減が想定される	

マイケル・ポーター、マーク・クラマー、「共通価値の戦略」、DIAMOND『ハーバード・ビジネス・レビュー』2011年6月号を基に作成

企業を評価する時代になってきたことがあります。

こうしたCSVは製品や生産プロセスよりも競合が模倣することが難しく企業にも競争優位性をもたらします。そして長期的には、企業も、より持続可能な競争上のポジションをつくることができます。

その一例が、スイスのネスレ。原材料の供給元である小規模農家が環境に対する意識を高め、より健康な家畜を育てることを支援することで、ネスレは競争力が高まり、農家と農村地域は豊かになっていきました。

ポーターはCSVを創出するための方法として具体的に①製品と市場の見直し、②自社のバリューチェーンの生産性を再定義、③企業が拠点を置く地域を支援する産業クラスターの創造の3つの方法を提唱しています。

ポイント

事業戦略と社会貢献との間に密接な関係が構築できる分野に注力することで、長期的に持続可能な競争優位がつくれます。

Book

『マイケル・ポーターの競争戦略』 ジョアン・マグレッタ著、マイケル・ポーター協力
経営戦略の世界的権威であるマイケル・ポーター教授の競争戦略論のエッセンシャル版。巻末にはポーターとのQ&Aも収録。

33

マッキンゼーの製品・市場戦略（PMS）他

Product Market Strategy etc.

マッキンゼーの6つの戦略フレームワーク

『マッキンゼー現代の経営戦略』にて提唱した6つの戦略フレームワークです。

▼製品・市場戦略（PMS＝Product Market Strategy）

既存の製品ごとにKSF（成功の鍵となる要因）、つまり何が成功するために最も重要な要素かをまず見極めてからそれに対応した行動をする戦略。全社戦略策定のためのもので、事業を同一のKSFごとにまとめて戦略的事業単位（SBU＝Strategic Business Unit）をつくり戦略を構築。

▼製品ポートフォリオ戦略（PPM＝Product Portfolio Management）

全社戦略策定のためのもので、事業を同一のKSFごとにまとめてSBU（戦略的事業単位）をつくり戦略を構築。

▼技術開発戦略（TPM＝Technology Portfolio Management）

技術開発戦略に用い、自社が有する技術別に事業戦略性と

PMSのステップ

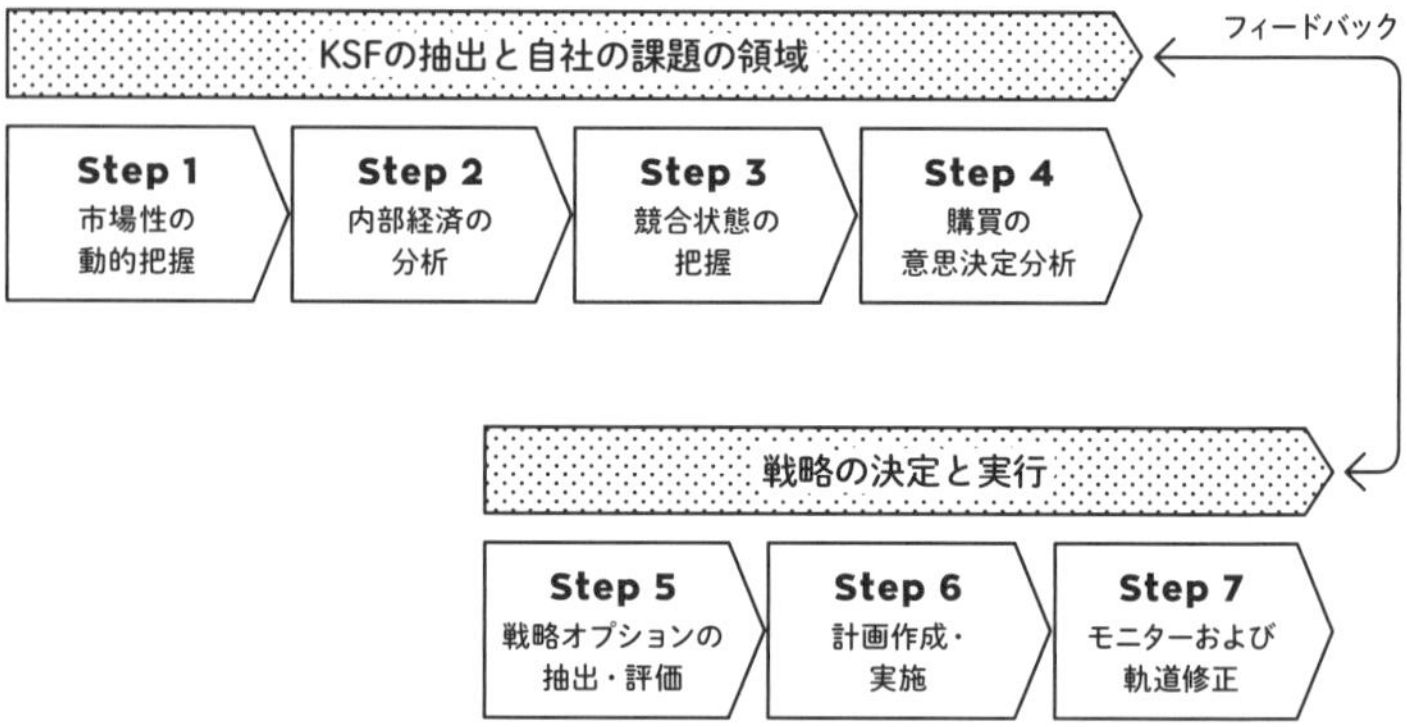
KSFの抽出と自社の課題の領域
フィードバック
Step 1
市場性の
動的把握
Step 2
内部経済の
分析
Step 3
競合状態の
把握
Step 4
購買の
意思決定分析
戦略の決定と実行
Step 5
戦略オプションの
抽出・評価
Step 6
計画作成・
実施
Step 7
モニターおよび
軌道修正

技術戦略性を勘案して技術開発投資にウェイト付けを行う。

▼収益性改善戦略（ＰＩＰ＝**Profit Improvement Program**）

収益改善のために用い、まずコストを固定費・変動費に分け、どの費目が損益分岐点の改善に効果があるかを見極めてから具体的な戦略を構築。

▼販売戦略（ＳＦＭ＝**Sales Force Management**）

販売戦略に用い、まずセールスの現状を分析。たとえば競合に負けている場合には、取引先まわりができていないからなのか、提案はできているが商品性で負けているのかなど原因を分析。その上で対応する営業戦略を構築。

▼間接費削減分析（ＯＶＡ＝**Overhead Value Analysis**）

管理部門のコストの削減に用いますが、間接費と価値を比較して間接費の削減優先順位を決定。

ポイント

まず、何が最も重要な問題なのかをデータ分析により特定してから解決策を策定する。

Book

マッキンゼー
McKinsey&Company Management Strategy for Today
現代の経営戦略
大前研一 編著
マッキンゼーコンサルタント大前研一が公開した6つの戦略的思考の技術

『マッキンゼー 現代の経営戦略 2014年新装版』大前研一編著
1978年、大前研一氏率いるマッキンゼーコンサルタントがクライアントを招待して開催したセミナーを書籍化。2014年に新装版発売された。

大前研一氏編著『マッキンゼー現代の経営戦略』は今でも「経営コンサルタントのバイブル」といわれています。

34

ＢＣＧのアダプティブ戦略

Adaptive Strategy

劇変する経営環境に素早く対応するための戦略

ＢＣＧは激変する環境を、「**サイクル**」「**テンポラリー**」「**移行**」「**ジャンプ**」の４つに分類しました。「サイクル」とはゆるやかに上下に変化していくこと、「テンポラリー」は一時的に変化が起きるがすぐ元に戻ること、「移行」は徐々に変化すること、そして「ジャンプ」は突然変化して元に戻らないことを指します。そうした環境の変化に対応するための経営戦略として３つの軸を基に５つの分類を行いました。

３つの軸とは、「**変化の予見**」「**自ら環境を変えることができる可能性**」「**環境の過酷さ**」です。

下図にあるように、変化の予見が容易である場合は**クラシカル**、**ビジョナリー**戦略で対応できますが、変化の予見が困難な場合には**アダプティブ**（適応）または**シェイピング**戦略で対応する必要があるとしています。とりわけ変化の予見が

環境の変化に対応するための経営戦略

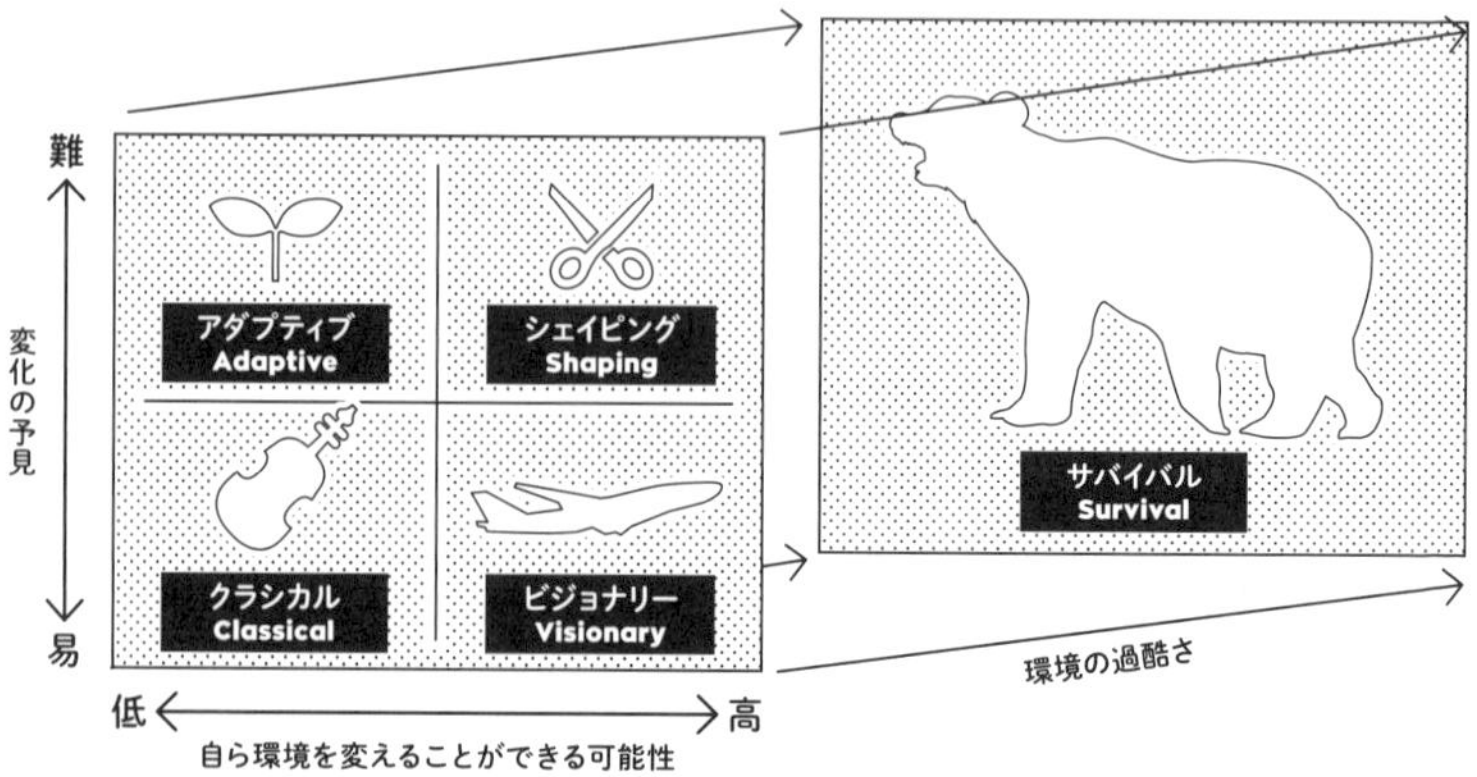

ボストン・コンサルティング・グループ『展望』176「なぜ戦略に戦略が必要なのか」を基に作成

困難でかつ自ら環境を変え得る可能性がない場合には環境変化に合わせて素早く優位性を再構築する**アダプティブ戦略**が必要です。

　では、そのためにはどのような能力が必要になるでしょうか。BCGは5つの能力が必要だとします。具体的には、①トライアンドエラーの学習能力（迅速に実験を行い新しくより優れた方法を学ぶ）、②シグナル探知・対応力（変化のシグナルを素早く読み取る）、③組織進化力（組織としての学習能力）、④複数企業とのエコシステム構築能力、⑤エコソーシャル適応能力（短期・長期にビジネスモデルを継続的に変化に適応させる）です。

　企業は最も適応力の高い企業から学ぶことで自社の強みを強化し、組織体制を整えることが大切だとしています。

ポイント

激変する環境下において企業は環境変化に応じて自社の優位性を再構築する必要があるのです。

アダプティブ戦略は変化の予見が困難で、かつ自社で環境を変えられない場合の戦略です。

Book

BCG
未来をつくる
戦略思考
50

『BCG 未来をつくる戦略思考 ── 勝つための50のアイデア』御立尚資監訳、ボストンコンサルティンググループ編纂

世界をリードする経営コンサルティングファームであるボストン・コンサルティング・グループの知見をとりまとめた一冊。

35 リバース・イノベーション

Reverse Innovation

途上国から学ぶイノベーション

従来、イノベーションとは、「先進国で生まれたものが、新興国や途上国へと広がっていく」と考えられていました。それに対し、「途上国で最初に採用されたイノベーションが先進国に広まっていく」という現象が、**「リバース・イノベーション」**です。ビジャイ・ゴビンダラジャン・ダートマス大学教授らが提唱し、一躍注目されました。

その一例が、インドで開発され、今や世界的に広まったGEの心電計です。当初、GEはインド市場で先進国ですでに発売されていた高性能の心電計を販売しましたが、まったく売れませんでした。インドでは、性能はそれほど高くなくてもよいので、どこにでも持ち運べて、電力消費が少なく、簡単に使える心電計が求められていました。そこで、GEはインド市場に合わせた心電計を一から開発を行い簡易なプリン

リバース・イノベーション

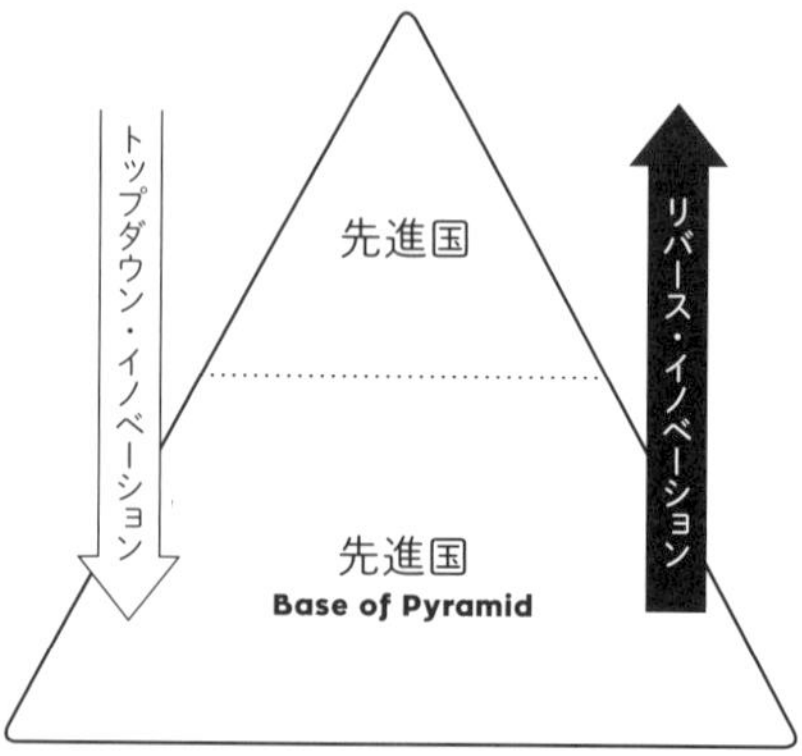

タを採用し、モニターをなくすことで、軽くてバッテリーで作動する心電計を実現させました。その結果、インド市場でヒットしましたが、意外なことに「小型で軽い心電計ならほしい」と高性能な心電計がある先進国においてもヒットしていったのです。

　リバース・イノベーションは、先進国向けの商品から少し機能を落とした低価格モデルでは新興国や途上国市場は難しいことも示唆しています。根本的な発想の転換が必要なのです。ゴビンダラジャン教授は、このようなリバース・イノベーションを生み出すには、**「性能」「インフラ」「持続可能性」「規制」「好み」**という5つのギャップに着目することが出発点になるとしており、現地の起業家的組織に権限を大幅に移譲することが必要だと指摘しています。

ポイント

発展途上国向けイノベーションが先進国でヒットするのが、リバース・イノベーションです。

リバース・イノベーションには根本的な発想の転換が必要です。発展途上国から学ぶことも多数あります。

Book

REVERSE
INNOVATION
リバース・イノベーション
衝撃の戦略コンセプト!

『リバース・イノベーション』
ビジャイ・ゴビンダラジャン他著
リバース・イノベーションのインパクトとメカニズムを実例を交えて解説。

36 デザイン思考

Design Thinking

世界的企業が注目するプロダクト発想法

2005年、スタンフォード大学にビジネススクールの「b」に対抗するかのようにデザイン専門のd.schoolが創設されました。さらに2008年、コンサルティング会社IDEO（アイディオ）のティム・ブラウンが『ハーバード・ビジネス・レビュー』でデザイン思考について発表。P&G、GE、サムスンなども導入したことから世界的に注目されています。

かつて**スティーブ・ジョブズ**が「顧客は自分たちがほしいものは知らない」と言ったことは有名ですが、従来の顧客の声を聞くマーケティング調査ではゼロから1を生み出すような画期的な新しいものは生み出せないのではないかという背景があります。iPodは、社内外の開発者、デザイナー、心理学者、人間工学の専門家など実に35名もの多様なスタッフがチームとなって生み出されました。チームはまず、ユー

Book

『デザイン思考が世界を変える――イノベーションを導く新しい考え方』
ティム・ブラウン著
アップル社のマウスなど、画期的なプロダクトを手掛けてきたIDEO。同社のCEOが現代におけるデザインとイノベーションの必要性を語る。

Key person

スティーブ・ジョブズ
（1955～2011年）
1976年、アップル社を共同で設立。1985年にアップルから追放、ピクサー・アニメーション・スタジオを設立。1996年に復帰後はiMac、iPod、iPhoneなど、革新的な製品を次々発表。

ザーがどのように音楽を聴いているのかを徹底的に観察することで、「どこでもすぐに選んだ音楽を聴きたい」というユーザーの潜在的ニーズを発見し、「すべての曲をポケットに入れて持ち運ぶ」という新しいコンセプトを創造しました。斬新な機能デザインの１００以上のプロトタイプを制作したといわれています。

つまり、デザイン思考の方法とは、まず個別の人の行動観察を行い、問題そのものの設定を行い、多様なスタッフによるアイデアの創出を経てプロトタイプを作成しそれらをテストする、という過程を何度も繰り返すこととなります。

デザイン思考は、従来の他社の過去の実績などに基づく仮説検証ではなく、今目の前にいるターゲットの観察から製品やサービスを生み出していく方法なのです。

ポイント

デザイン思考は行動観察から始まる、ゼロから1を生み出すイノベーションの方法です。

デザイン思考のステップ

Step 1 共感	Step 2 問題定義	Step 3 アイデア創出	Step 4 プロトタイピング	Step 5 検証
テーマ設定、 参与観察	課題定義	アイデア& コンセプト創造	試作 （高速&反復）	ユーザーテスト （リアル）

ティム・ブラウン “Design Thinking”『ハーバード・ビジネス・レビュー』を基に作成

37 ランチェスター戦略

Lanchester Strategy

日本生まれの弱者の戦略

ランチェスター戦略とは、フレデリック・ランチェスターが見つけ出した法則をビジネスに応用した戦略で、日本において知られているものです。ランチェスターは戦闘時における力関係を示す2つの法則を見いだしました。

第1の法則は、「攻撃力＝兵力数×武器性能」です。これは狭い場所で、刀や槍《やり》などで1対1で戦ったときの法則です。武器性能が同じ場合は、兵力の多い方が勝つというわけです。兵力が少なくても、局地的に兵力の多い状態をつくり出し、一騎打ちに持ち込めば、勝つことができます。

第2の法則は、「攻撃力＝兵力数の2乗×武器性能」です。こちらは、戦闘機や戦車など近代兵器を使って戦ったときの法則。こうした状況では、兵力数が多いと圧倒的な差がつくことを表しています。武器の性能が少し高いぐらいでは追い

ランチェスター戦略の弱者と強者の戦略

	弱者	強者
基本戦略	差別化戦略	ミート戦略
主義（商品戦略）	一点集中主義	総合主義（物量戦）
地域戦略	局地戦	広域戦
流通戦略	接近戦	遠隔戦
顧客戦略	一騎討ち戦	確率戦
戦法	陽動戦	誘導戦

現在、上図の著作権は株式会社ランチェスタシステムズが所有し、その普及、運用はNPOランチェスター協会に委託されています

つきません。

この法則は、第二次世界大戦でアメリカ軍が軍事作戦に応用し、大きな戦果をあげます。さらに戦後は産業界にも広がっていきます。そして、「ランチェスター戦略」として1970年代に体系化したのは、経営コンサルタントの田岡信夫氏です。田岡氏は「強者の戦略」と「弱者の戦略」について言及していますが、有名なのは「弱者の戦略」です。

一言で言えば、弱者は「第1の法則」が適用できる状況でのみ勝ち目があり、そうした状況をつくり出すことが必要だということです。すなわち、戦う分野を絞り込んで、その分野に経営資源を集中投下することで、その分野でのナンバーワンとなり、自分たちよりも規模の大きな会社との戦いを勝ち抜くという戦略です。

ポイント

ランチェスター戦略は元々の法則は古いですが、現在でも主に中小企業の現場で活用されています。

Book

STRATEGIC THINKING on LANCHESTER'S LAW
ランチェスター思考
競争戦略の基礎

『ランチェスター思考 ―― 競争戦略の基礎』福田秀人著、ランチェスター戦略学会監修

故・田岡信夫の「ランチェスター戦略」シリーズをベースに、欧米流の戦略論とは一線を画したビジネスに勝つ思考法を紹介。

ランチェスターは、第一次世界大戦において、戦闘機の開発をしていた際、戦闘機があげる戦果に関心を抱き、研究を始めました。

38 孫子の兵法

Art of War

世界で読まれる軍略の基本

紀元前500年頃、中国春秋時代の将軍、孫武が書き記したとされている最古の兵法書が**「孫子の兵法」**です。つまり戦争に勝つための書物です。それらの内容の多くは戦争での戦い方ですがビジネスの世界にも通じるものが数多くあり、さまざまな解釈があります。第1章の**経営戦略論の歴史❹**でも紹介しましたが、ここではわたしが使えると思う、いくつかを紹介しましょう。

孫武は、「戦争は国家の一大事であり事前に十分な検討が必要であり、5つの事と7つの見方で現状を分析し、敵と比較して慎重に決める必要がある」としています。

5つの事とは道・天・地・将・法、すなわち大義名分があり人民の賛成が得られ、正しいタイミングで、有利な場所を選び、有能なリーダーの下、チーム一丸となる軍かどうかを

ビジネスで使える「孫子の兵法」

現代語訳	ビジネス訳
兵は国の大事	経営は企業の大事
兵は詭道なり	ビジネスはだまし合い、競争である
戦わずして勝て	まずは自社の製品・サービスを改善せよ
その思わざるところに出よ	戦略的ポジショニングを確保せよ
勝ちやすい者に勝て	見込み客を狙え
彼を知りて己を知るものは、百戦してあやうからず	戦略を練ってから行動せよ

検討する必要があるとしています。７つの見方とは君主はどちらが人民のことを考えているか、自然はどちらに有利か、統制力はどちらがとれているか、賞罰はどちらが優れているかなどです。まさにビジネスの世界でも自社と競合の現状認識を正しく行うことが、**SWOT分析**⑱に通じます。

有名なものに「兵は詭道《きどう》なり」というものもあります。つまり戦争とはだますことだとしています。そのためにはスパイを使って情報を入手することも必要だとしています。

また、戦略は臨機応変に変更するべきとしています。経営でもスパイは違法ですが顧客や競合の評判をよく聞くことが重要です。また、試作品を出して顧客の反応を見て必要に応じて変更する**デザイン思考**㊱や敵のいない市場を創出する**ブルー・オーシャン戦略**㉗にも通じる考え方でしょう。

ポイント

現代の経営にも解釈によっては大変有益な戦略や戦術が詰まったものが孫子の兵法です。

孫武が実際にビジネスの戦略について記したのではなく後の人々によってビジネスへの応用の解釈が行われた点には注意が必要です。

Question 05

プラットフォーム戦略®とは、関係する企業やグループを「__＝プラットフォーム」にのせることで、新しい事業の____________________を構築する。

Question 06

フリーミアムとは、____________と________________を合わせた造語。

Question 07

野中郁次郎氏が1990年代に提唱したSECIモデルの4つの段階は、____________________、____________________、____________________、____________________である。

Question 08

マイケル・ポーターが提唱するCSVは、________を戦略を組み込む概念。_______________の略。

Question 09

___が提唱したアダプティブ戦略は、____変化に合わせて優位性を再構築する戦略。

Question 10

リバース・イノベーションとは、____国で最初に採用されたイノベーションが____国に広まる現象。

Question 11

デザイン思考は、過去の実績などに基づく________ではなく、今目の前にいるターゲットの____から製品やサービスを生み出していく方法。

Question 12

ランチェスター戦略における第1の法則は攻撃力＝______×________である。

Examination

Part 4

「全社戦略・成長戦略」テスト

戦略を成長させていく
具体的な戦略を身につけよう!

第4章は本書で最も重要なパートです。どのようにヒト・モノ・カネなどの資源を有効活用して競合企業と戦っていくかを考える全社戦略、それをうながしていく成長戦略です。それでは、「おさらい」してみましょう。

＊設問の答えは134ページに掲載しています

Question 01

全社戦略を策定する上で非常に重要な事業ドメインとは、事業____のことである。

Question 02

事業拡大策を練るためイゴール・アンゾフが生み出したのが、________マトリックスである。

Question 03

PPMは________のためのフレームワーク。事業状況を________、________________、________________、________に分類する。

Question 04

ブルー・オーシャン戦略は、____のない未知の市場をつくり出すことで、________と______を同時に実現して利益を上げる戦略。

Answer
Part 4

Question 01	□	全社戦略を策定する上で非常に重要な事業ドメインとは、事業**領域**のことです。
Question 02	□	事業拡大策を練るためイゴール・アンゾフが生み出したのが、**製品―市場**マトリックスです。
Question 03	□	PPMは**資金配分**のためのフレームワーク。事業状況を**花形**（star）、**金のなる木**（cash cow）、**問題児**（problem child）、**負け犬**（dog）に分類する。
Question 04	□	ブルー・オーシャン戦略は、**競争**のない未知の市場をつくり出すことで、**低コスト**と**差別化**を同時に実現して利益を上げる戦略。
Question 05	□	プラットフォーム戦略®とは、関係する企業やグループを「**場**＝プラットフォーム」にのせることで、新しい事業の**エコシステム**（**生態系**）を構築する。
Question 06	□	フリーミアムとは、**フリー**（**無料**）と**プレミアム**（**有料**）を合わせた造語。
Question 07	□	野中郁次郎氏が1990年代に提唱したSECIモデルの4つの段階は、**共同化**（Socialization）、**表出化**（Externalization）、**連結化**（Combination）、**内面化**（Internalization）である。
Question 08	□	マイケル・ポーターが提唱するCSVは、**社会貢献**を戦略に組み込む概念。Creating Shared Valueの略。
Question 09	□	BCGが提唱したアダプティブ戦略は、**環境**変化に合わせて優位性を再構築する戦略。
Question 10	□	リバース・イノベーションとは、**途上**国で最初に採用されたイノベーションが**先進**国に広まる現象。
Question 11	□	デザイン思考は、過去の実績などに基づく**仮説検証**ではなく、今目の前にいるターゲットの**観察**から製品やサービスを生み出していく方法。
Question 12	□	ランチェスター戦略における第1の法則は攻撃力＝**兵力数**×**武器性能**である。

第5章

事業戦略

Part 5

Business Strategy

企業活動の個別事業について、競合企業とどのように戦っていくかを決めるもの、それが事業戦略です。経営理念の下に全社戦略が決まり、個別の事業戦略が設定されていきます。

39 ポーターのファイブフォース分析

Porter's Five Forces Analysis

業界の競争状態を分析するフレームワーク

事業で高い収益を上げるためには、新規参入、継続・撤退を判断するタイミングで、その業界の収益性や競合状況を分析することが大切です。そうした業界分析のためのフレームワークとして有名なのが、ハーバード・ビジネス・スクール教授のマイケル・ポーターが考案した「**ファイブフォース（5つの力）分析**」です。

ポーターは、「もうかるかどうかはどの産業・業界に参入するかで決まる。市場や競合を分析し、もうかりそうな業界を選ぶことが重要だ」という考えから、このようなフレームワークを考案しました。元々経済学者であったポーターは、独占企業の収益性の高さに目をつけました。経済学では自由競争が是とされていますが経営においては逆にいかに独占的な立ち位置（ポジション）を取れるかで収益性が高くなると

ファイブフォース分析

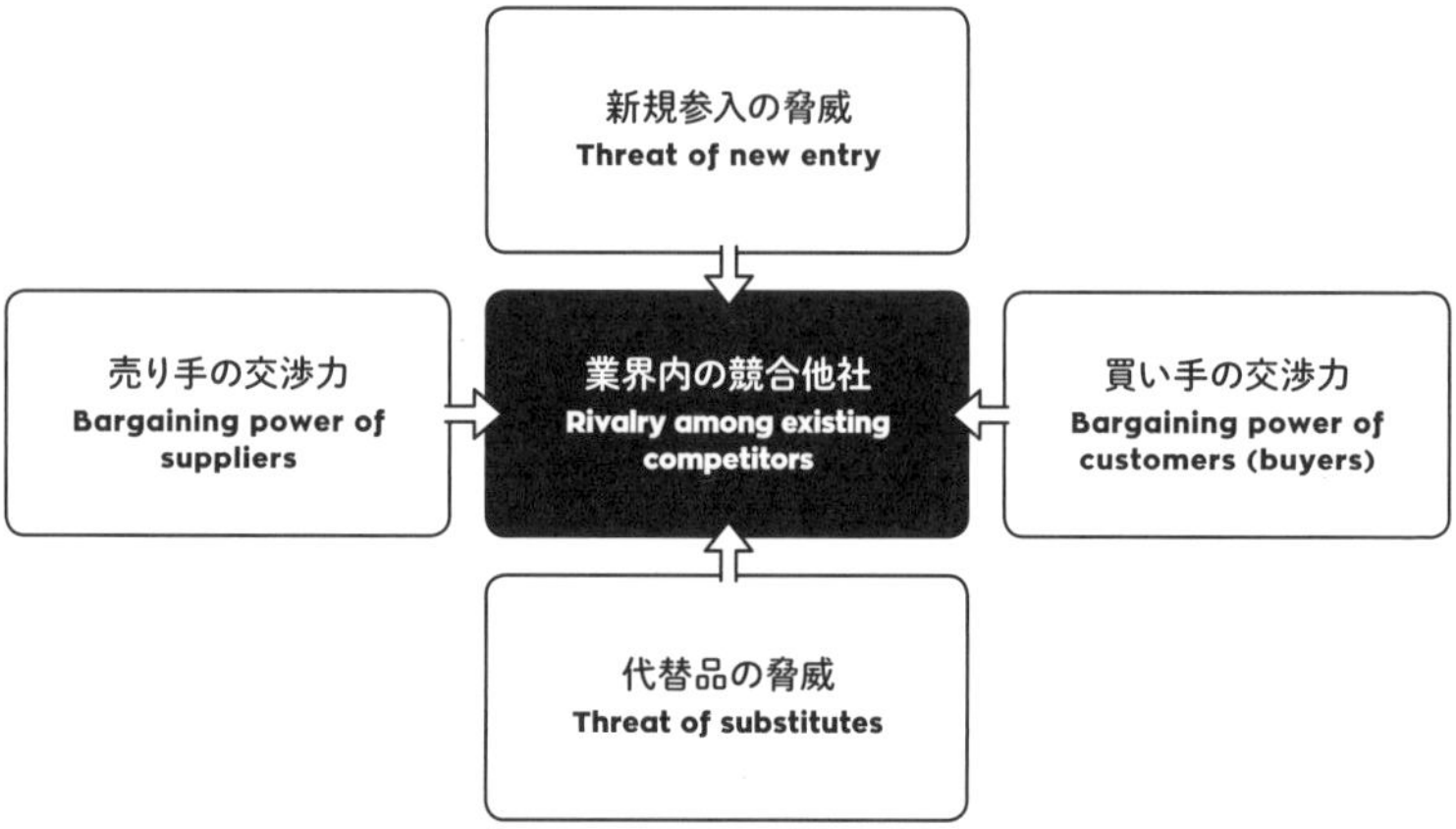
新規参入の脅威
Threat of new entry
売り手の交渉力
Bargaining power of suppliers
業界内の競合他社
Rivalry among existing competitors
買い手の交渉力
Bargaining power of customers (buyers)
代替品の脅威
Threat of substitutes

考えたのです。

ファイブフォースでは、次の5つの要因が業界の競争状態を決めるとしています。その要因とは、**「業界内の競合他社」「買い手の交渉力」「売り手の交渉力」「代替品の脅威」「新規参入の脅威」**です。

「買い手」はエンドユーザーや小売店などの販売業者のことで、「売り手」は材料などの供給業者のこと。「代替品」とは、自社製品と同じニーズを満たす他の商品のことです。

どの要因が業界に大きな影響を及ぼしているかは、業界によって異なります。重要な要因を見つけ出すことで、その業界の状況を正しく理解でき、何をうまくコントロールできれば競争を緩和できるのか、収益性を高くできるのか、を考えることができます。

ポイント

ファイブフォース分析は、あくまでも業界の収益性分析であり個別の企業分析ではないことに注意が必要です。

Link

マイケル・ポーター

➡ P19

Book

新訂 競争の戦略
M.E.ポーター著

『競争の戦略』
M・E・ポーター著
競争戦略の基本原理は国や産業が変わっても同じである。マイケル・ポーターの処女作にして、経営戦略の名著。

新規事業の参入や既存事業の撤退などを判断するときに使いましょう！

40 ポーターの3つの基本戦略

Porter's Three Generic Strategies

「コストリーダーシップ」「差別化」「集中」

他社に対する競争優位を築くためには、どのような事業戦略を立てるべきか。この問いに対し、前出のマイケル・ポーターは「3つの戦略しかない」と述べています。その3つの基本戦略が、**「コストリーダーシップ」「差別化」「集中」**です。

「コストリーダーシップ」戦略は、どの競合他社よりも低コストを実現することで、競争優位を築く戦略。コストを抑えることで価格決定権を握ることが狙いです。価格を維持すれば利益が上がり、競合に比較して低価格化することもできるのです。つまり低価格戦略とは似て非なるものですから注意が必要です。通常、**規模の経済**65によって実現できることから、業界トップ級の企業にしかできない戦略です。

「差別化」戦略は、競合他社にはない独自のユニークな製品・サービスによって、差別化を図る戦略です。唯一無二の

ポーターの3つの基本戦略

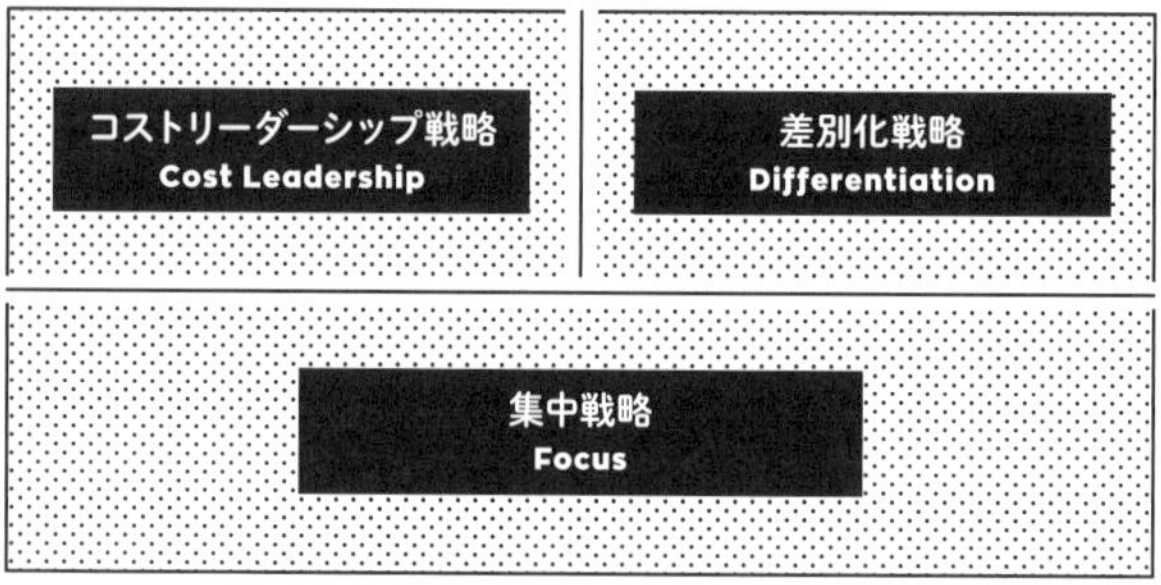
コストリーダーシップ戦略
Cost Leadership
差別化戦略
Differentiation
集中戦略
Focus

ものをつくれば、高い利益の獲得が期待できますが、業界トップ企業に製品やサービスをまねされると、急速にシェアを奪われてしまうので、常に差別化を図る必要があります。
「集中」戦略は、特定の製品のコストを集中的に削減する「**コスト集中**」と、特定の製品を徹底的に差別化する「**差別化集中**」の2種類があります。特定の顧客や地域、製品など、特定の市場に絞り込み、そこに経営資源を集中させることで勝つ戦略です。中小企業やベンチャー企業向きの戦略といえるでしょう。
3つの戦略のうち、複数の戦略を同時に行おうとすると、「スタック・イン・ザ・ミドルの企業」(中途半端なところで動けなくなり、どうにもならなくなった企業）になるので注意が必要です。

ポイント
自社の戦略をこの3つのどれかにするか、明確にしていきましょう。

他社に対する競争優位（competitive advantage）を築くためには、「コストリーダーシップ」「差別化」「集中」、この3つの戦略しかない。集中はコストリーダーシップと差別化の両方に適用されます。

Book

『競争優位の戦略 ―― いかに高業績を持続させるか』M・E・ポーター著
競争優位の確保が高業績の秘訣となる。『競争の戦略』の実践版。

41 ポーターのバリューチェーン分析

Porter's Generic Value Chain Analysis

競合との比較を行い、強み・弱みを分析する

「バリューチェーン」とは、会社の事業活動を機能ごとに分類し、どの機能で付加価値を生み出しているのか（どの機能が自社の強みか）を分析するフレームワークです。どの機能が自社の強みかを導き出す手法ともいえます。こちらも、前出のマイケル・ポーターによって、生み出された手法です。

具体的には、事業活動を主活動と支援活動に分けます。

さらに、主活動を購買物流（原材料の仕入れから配送まで）、製造、出荷物流、販売・マーケティング、サービス（修理やメンテナンス）など、支援活動を全般管理（財務、法務、経理など）、人事・労務管理、研究開発、調達などの機能に分けていきます。

下の図はその事業活動と機能を表したもの。こうすると、会社の事業活動がどのような機能によって行われているかが

バリューチェーン（価値連鎖）

一目でわかります。

この作業を、自社だけでなく競合他社の分も行い、両者を比べると、自社の強み・弱みを把握でき、戦略策定のポイントがつかめます。

そして、戦略を策定するときに登場するのが、**ポーターの3つの基本戦略**㊵です。「**コストリーダーシップ**」「**差別化**」「**集中**」の3つの基本戦略のうち、いずれかを選んだ上で、どの機能が付加価値を生み出していくかを考えるのです。

たとえば「コストリーダーシップ」戦略なら、現在はどの機能でコスト削減をしているのか、今後はどの機能のコストを減らすのか、と考えていきます。また、「差別化」戦略なら、今はどの機能で差別化を図っているか、今後はどこで差別化を図るかを考えていくわけです。

ポイント

どうしても自社に甘くなりがちですので競合との客観的な比較をするように注意しましょう。

最近はデジタル化が進み、バリューチェーンの一部を他社とアライアンス（提携）する傾向が強まっています。

42 コトラーの競争地位別戦略

Kotler's Competitive Position Strategy

事業戦略を策定する際に有効なフレームワーク

事業戦略を策定するときの考え方として、**ポーターの3つの基本戦略**40と並んで有名なのが**コトラー**の「競争地位別戦略」。ノースウェスタン大学ケロッグ経営大学院教授のフィリップ・コトラーによって提唱されました。

コトラーは、業界内での企業の地位を「**リーダー**」「**チャレンジャー**」「**フォロワー**」「**ニッチャー**」の4つに分類し、競争を勝ち抜くには、それぞれの地位に応じた戦略を選ぶことが重要だと説きました。

「**リーダー**」とは、業界シェアナンバーワンの企業。業界を牽引する主導的立場にあり、資本も潤沢であるため開発力も優れており、競合他社に対して圧倒的な優位にあることから、市場そのものを拡大する戦略で利益の拡大を目指す必要があります。また、競合他社が優れた製品やサービスを出してき

コトラーの4つの分類

縦軸：高 ↑ 経営資源の質 ↓ 低
横軸：多 ← 経営資源の量 → 少

マーケットリーダー Market Leader フルラインとプラグによる全方位支配。経営資源量で圧倒し競合にプラグ（栓をする）	**マーケットニッチャー Market Nicher** 特定市場や製品（ニッチ）への集中化。特殊すぎる・市場が小さいためにリーダーが参入してこない状態。
マーケットチャレンジャー Market Challenger トップがプラグしにくい大胆な差別化。たとえばGMがフォードを多種の車で逆転など	**マーケットフォロワー Market Follower** 徹底的な低コストによる模倣追従＝まね、コスト最小化、低価格。たとえばEMS、ホンハイ（P158参照）など

た場合は、すぐに同様の製品やサービスを展開するプラグイン（栓をする）戦略によって、業界における圧倒的なブランド力や生産力を背景に一気に市場シェアを拡大することが可能です。パナソニック（旧松下電器産業）はかつて「マネシタ」と揶揄《やゆ》されましたが、まさに他社を模倣することで常にトップシェアを維持することに成功してきました。

「**チャレンジャー**」は、業界シェア2位以下でトップを狙う企業。目標はシェアを拡大し、トップの座を狙うことですが、リーダーが参入していない新しい製品・サービスなどに参入することで差別化を行う戦略が考えられます。あるいは自社よりもシェアが低い企業のシェアを奪うことで、業界ナンバーワンの地位を狙います。チャレンジャーの存在は市場を活性化させることとなります。

「**フォロワー**」は、シェア3位以下の企業でトップを狙っていない企業、リーダーを狙うチャレンジャーでも特定市場で独占的なシェアを持つニッチャーでもない企業です。取るべき戦略は、すでに成功している上位企業の模倣をできるだけ低コストで行うことです。たとえば研究開発の大きい医薬品

Link
フィリップ・コトラー
➡ P40

チャレンジャーはリーダーを狙う意図があるかどうかでフォロワーと区別します。

業界において、ジェネリック医薬品に特化したり、新技術の研究開発費のかかる家電業界において商品の普及期に低価格メーカーとして参入したりすることが考えられます。あくまでも低価格で出すことで、利益獲得を狙うのが基本戦略です。

「ニッチャー」は、ベンチャー企業など小さいながらも、業界の中でも大手が参入しないような市場で独自の地位を築いている企業。技術力を磨いたり、ブランド力を高めたりして、よりその地位を盤石にするのが、その戦略。小さな市場ひとつに頼るのはリスクが高いので、新たなニッチ市場を探し出すことも必要です。

コトラーの競争地位戦略はシェアが明確では無い場合や規模の利益をききにくい、IT業界やベンチャー業界ではこの4つに類型化することが難しい等問題点も指摘されています。

ポイント

コトラーの言うチャレンジャーとは、あくまでもトップを狙っている企業です。

近年、「業界」という概念自体が非常にあいまいになりつつあります。4つの分類をする際に、ユーザー視点も勘案するようにしましょう。

Book

『コトラー&ケラーのマーケティング・マネジメント 第12版』フィリップ・コトラー他著

マーケティングの大著。事例と実例で効果的なマーケティングの原理、戦略、実践を解説する。

4つの分類の戦略

	とるべき戦略	4P	課題
マーケット リーダー **Market Leader**	[目標]シェアトップ維持／業界最大利益 [方針]シェア拡大か維持／市場全体の拡大 [4P戦略]同質化	[製品]フルライン製品 [価格]高め [流通]全方位チャネル [プロモーション]積極的	*シェア拡大･維持･防衛
マーケット チャレンジャー **Market Challenger**	[目標]トップシェア奪取 [方針]差別化 [4P戦略]差別化	[製品]差別化を志向 [価格]差別化 [流通]差別化 [プロモーション]差別化	*戦う相手をマーケットリーダーにするかフォロワーをたたくか
マーケット フォロワー **Market Follower**	[目標]存続すること [方針]ある程度の利益･成長／リーダー製品の低価格代替品 [4P戦略]コストダウン	[製品]模倣した製品／浅い [価格]低い [流通]低価格志向 [プロモーション]限定	*存続を目指す
マーケット ニッチャー **Market Nicher**	[目標]高利益率／安定した売上／一定の成長 [方針]生存領域全体の差別化 [4P戦略]狭く深く	[製品]狭い [価格]高い [流通]差別化 [プロモーション]絞り込み	*マーケットチャレンジャーを目指す

43 BCGのアドバンテージマトリックス

Boston Consulting Group's Advantage Matrix

競争優位性を築くためのフレームワーク

アドバンテージマトリックスもまた、事業が「もうかりやすいかもうかりにくいか」を分析し、競争に勝ち抜く事業戦略を考えるためのフレームワークです。

具体的には、「競争要因が多いか少ないか」「競争要因によって、優位性を構築できる可能性が高いか低いか」という2つの軸で、事業を次の4つのタイプに分類します。

「特化型事業」は、競争要因が多く、優位性構築の可能性が高い事業。特定の分野で強みを持つことで、優位性を築くことができます。医薬品、計測機器などがその代表です。

「規模型事業」は競争要因が少なく、優位性構築の可能性が高い事業。**規模の経済**[65]が働きやすいことが特徴です。半導体、自動車、製鉄、コンピュータなどが挙げられます。

「分散型事業」とは、競争要因が多いが、優位性構築の可能性

BCGのアドバンテージマトリックス

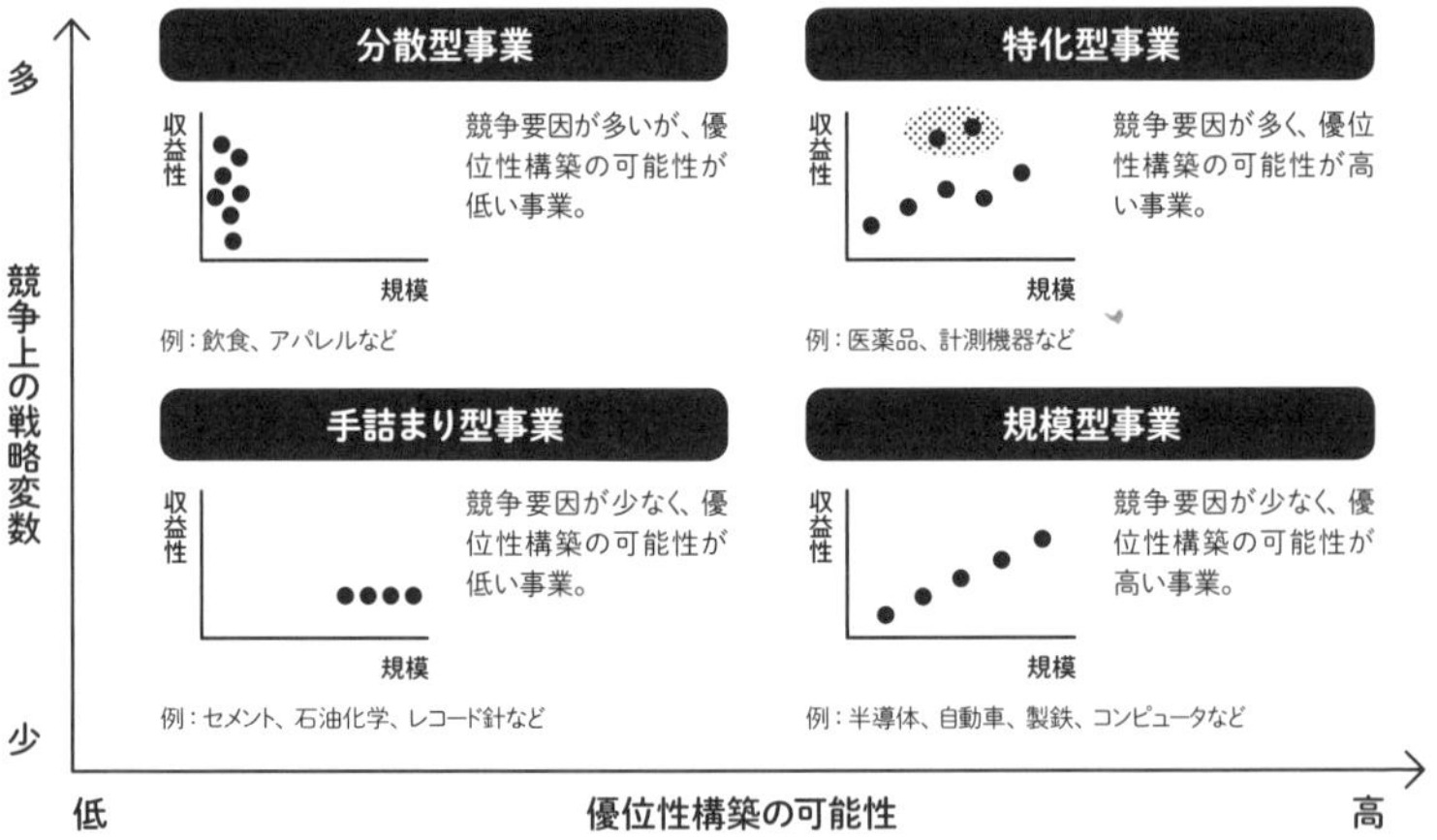
多
競争上の戦略変数
少
低
優位性構築の可能性
高
分散型事業
収益性
規模
競争要因が多いが、優位性構築の可能性が低い事業。
例：飲食、アパレルなど
特化型事業
収益性
規模
競争要因が多く、優位性構築の可能性が高い事業。
例：医薬品、計測機器など
手詰まり型事業
収益性
規模
競争要因が少なく、優位性構築の可能性が低い事業。
例：セメント、石油化学、レコード針など
規模型事業
収益性
規模
競争要因が少なく、優位性構築の可能性が高い事業。
例：半導体、自動車、製鉄、コンピュータなど

性が低い事業。規模の効果が効きにくく、大企業不在の激戦業界です。飲食、アパレルなどがその例です。

「手詰まり型事業」は競争要因が少なく優位性構築の可能性が低い事業。事業が衰退期にあり、差別化しにくく、今の時代ではもうかりにくい事業です。セメント、石油化学などが挙げられます。

一般的に、収益を上げにくいのは「分散型」と「手詰まり型」。分散型は、老舗の名店のように、個人の魅力で客を呼ぶようなビジネスがあてはまり、規模を大きくしづらいのがネックです。

自社の事業が以上の2つのタイプの場合は、「規模型」か「特化型」への転換を図るか、あるいは撤退を考える必要があります。

ポイント

競争要因が本当に優位性を持つのかという視点で考えることが重要です。

ファミリーレストランはセントラルキッチン（調理を集中して行うセンター）やマニュアル化を行うことで分散型から規模型事業化に成功した例といえます。

44 シナリオプランニング

Scenario Planning

起こり得る道筋を複数考え、対処する

シナリオプランニングとは、環境変化によって、将来起こり得るシナリオを複数考えて、いかなるシナリオが現実化した場合でも対応できるように戦略を練っておく戦略です。

これは石油会社のロイヤル・ダッチ・シェル社の例で一躍有名になりました。同社は1970年代に「原油価格は安定する」「価格高騰が起こる」という2種類のシナリオを想定し、事前戦略を講じておきました。すると、その後に、オイルショックが起きて原油価格が高騰。同社はその危機をうまく乗り切ることができ、世界2位のオイルメジャーへと上り詰めることができたのです。

シナリオプランニングは、次に示す4つの手順で行っていきます。

①未来を左右する要因をたくさん出す：会社やプロジェクト

シナリオプランニング策定のステップ

Step 1　未来を左右する要因をたくさん出す

Step 2　大きな要因を2つピックアップ

Step 3　マトリックスをつくり、4つのシナリオを書き出す

Step 4　戦略を考える

の未来を左右する要因にはどんなものがあるか？ できるだけたくさん書き出してみます。**PEST分析**⑰や**ファイブフォース分析**㊴の観点で考えるとよいでしょう。

②大きな要因を2つピックアップ：①の中から自社に大きな影響力があり、かつ不透明だが蓋然《がいぜん》性の高い要因を2つピックアップします。

③マトリックスをつくり、4つのシナリオを書き出す：その2つの要因でマトリックスをつくります。たとえば、要因が「人口が増える・減る」「円安・円高」なら、「人口増・円安」「人口減・円高」「人口増・円高」「人口減・円安」の4つのケースが出てきます。

④戦略を考える：4つのシナリオができたら、それぞれのシナリオが起こったときにどう対処するか、戦略を考えます。

ポイント

影響度合いが大きいものに絞って10〜20年先を見据えながらシナリオをつくり2〜3年に一度見直しましょう。

Book

『シナリオ・プランニング
──未来を描き、創造する』
ウッディー・ウェイド著

60年以上も企業や組織、個人で使われてきた「イノベーション創造」の技法をトレンド予測、ビジネス展望のスペシャリストである著者が豊富な事例で解説。

シナリオへの対応は、コストとの比較も必要です。

45 ベインのネット・プロモーター経営（NPS）

Net Promoter Score

「顧客満足度」にフォーカスした経営手法

ネット・プロモーター経営は、戦略コンサルティング会社のベイン・アンド・カンパニーが提唱している、「顧客満足度」にフォーカスした経営手法です。2000年代に誕生した新しい手法ですが、アップルやGE、フェイスブック、アメリカン・エキスプレスなど名だたる企業で採用されています。

最大の特徴は、顧客満足度を測るために、「NPS（ネット・プロモーター・スコア＝推奨者の正味比率）」という指標を用いることです。ここでのネットは「正味」という意味でインターネットのネットではありません。NPSとは、商品やサービス、ブランド、企業などに対する顧客のロイヤルティー（忠誠度）の指標を測るための指標です。〝究極の質問（Ultimate Question）〟ともいわれている「あなたはそれを友人や同僚に薦めたいと思いますか？」という問いに対する答えを、

NPSの算出方法

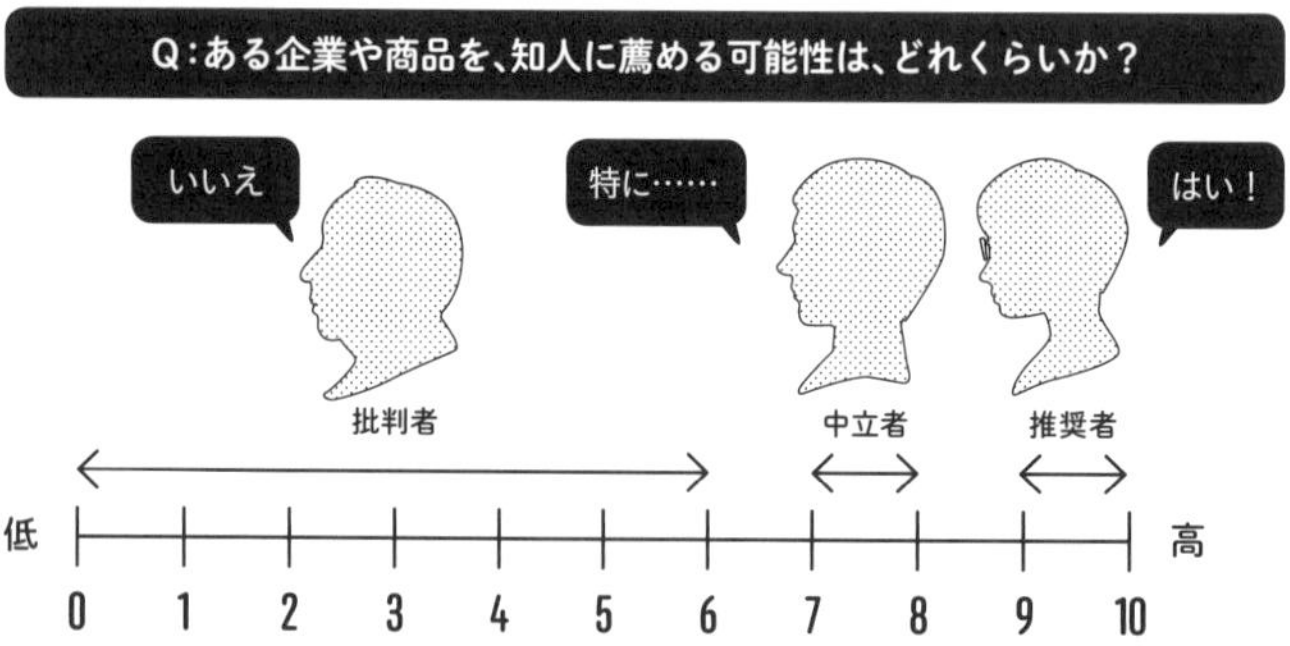
Q：ある企業や商品を、知人に薦める可能性は、どれくらいか？
いいえ
特に……
はい！
批判者
中立者
推奨者
低
高
0
1
2
3
4
5
6
7
8
9
10

・推奨する可能性を0～10の11段階から選択してもらう
・10と9を「推奨者」、8と7を「中立者」、6～0を「批判者」と設定する
・推奨者の割合（％）から、批判者の割合（％）を引くと、NPSがわかる

0〜10の11段階で調査します。10〜9を**プロモーター（推奨者）**、8〜7を**ニュートラル（中立者）**、6以下を**デトラクター（非難者）**に分類します。推奨者であるプロモーターが占める比率から非難者であるデトラクターが占める比率を差し引いた数値がNPSとなります。したがってNPSの数値は、推奨者が非難者より多ければプラスになり、非難者の方が多ければマイナスになります。たとえばプロモーターが30％、デトラクターが15％の場合、NPSは15％となります。

この指標の算出方法は単純明快かつ調査や集計の手間が軽いのでキャンペーンなどの効果測定にも採用が進んでいます。単純ではありますが、NPSは、企業の成長率や収益性と強い相関関係があることがわかっています。つまり、NPSを高めていけば、企業の成長にもつながるというわけです。

ポイント

地域によっても0〜10の評価点の持つ意味が異なることが知られており継続的に行うことが大切です。

何を調べるかの目的を事前に明確にしておく必要があります。それによって調査対象者や調査のタイミングも変わってくるからです。

Book

UQ
THE ULTIMATE QUESTION 2.0
ネット・プロモーター経営
アップル
アメリカン・エキスプレス
ザッポス
フィリップス
エンタープライズ・レンタカー
etc...

『ネット・プロモーター経営――〈顧客ロイヤルティ指標NPS〉で「利益ある成長」を実現する』フレッド・ライクヘルド他著
アップル、アメリカン・エキスプレス、ザッポス、フィリップス、エンタープライズ・レンタカーなど、「ファン顧客」を味方につけて成長している企業を解説。

46 コーペティション経営
Co-opetition Strategy

競合同士が、ある部分において協調する手法

コーペティション経営は、イェール大学教授のバリー・ネイルバフと元ハーバード・ビジネス・スクール教授のアダム・ブランデンバーガーがゲーム論を基に提唱したビジネス理論です。

「コーペティション」とは「協調（Cooperation）」と「競合（Competition）」を合わせた概念で「競合同士が、ある部分において協調することでメリットを享受する」戦略です。

彼らの主張は次の通りです。ビジネスの世界のプレーヤーは、以下の補完的生産者と競争相手に分けられます。「補完的生産者」とは、「その会社の製品を顧客が持っていると、自社の製品の価値も高まる」というプレーヤーのことです。単純な例でいえば、テレビにとってのレコーダー、ホットドッグにとってのマスタード、自動車にとっての自動車

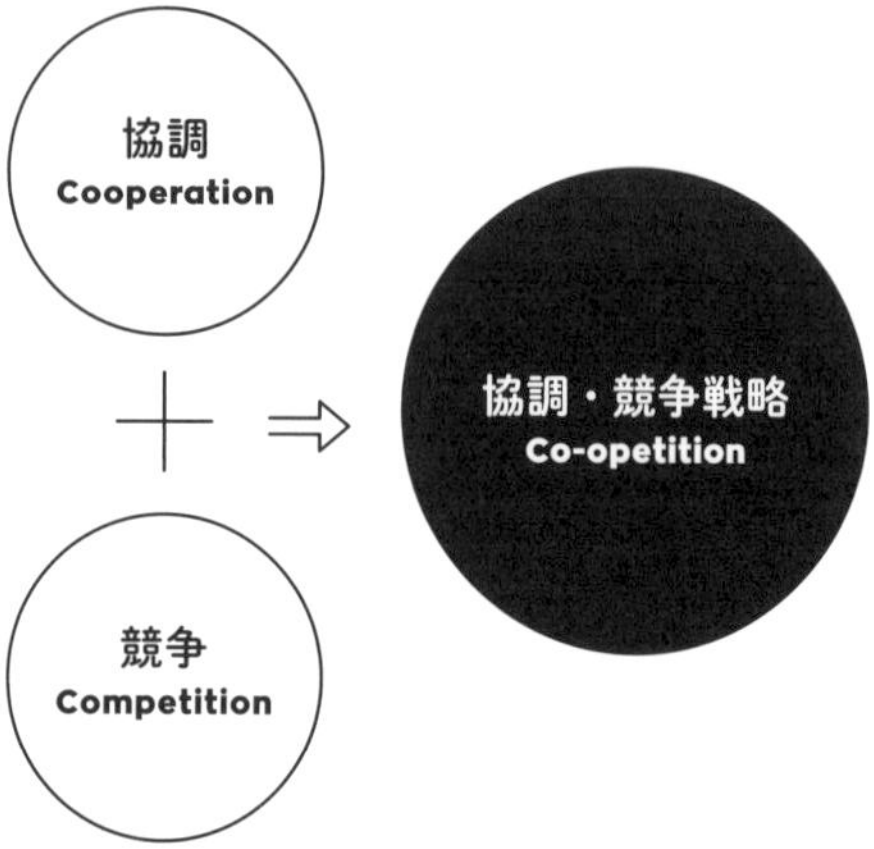

保険などが挙げられます。

一方、「その会社の製品を顧客が持っていると、自社の製品の価値が下がる」プレーヤーが「競争相手」です。

この競争相手は完全な敵ではなく、同時に補完的生産者でもある、というのが彼らの主張です。

たとえば、スーパーとその隣にある八百屋さんは競争相手ですが、「2つの店を見比べられるから、あのあたりで買い物しよう」と思わせる効果があるのでより多くの来客が見込まれるのです。すなわち、市場のパイの拡大を図るときは協調関係にありますが、パイを奪い合う段階では競争関係となるわけです。

中華街やラーメン激戦区などもこのような戦略だと考えることができます。

ポイント

基本的には競合相手なのでパイが拡大しても最終的には自社の魅力を高めることが重要です。

秋葉原の電気街、上野のアメ横商店街などに集客力があるのは、この戦略で説明がつきます。

Book

『コーペティション経営―ゲーム論がビジネスを変える』バリー・J・ネイルバフ他著

誰と組み、誰と競争すればよいのか。ビジネスをゲームとしてとらえると、ど最適な戦略を打ち出すことができようになる。先見力を高める思考法を解説。

47 BCGのタイムベース競争

Time-Based Competition

時はカネなり、というフレームワーク

タイムベース競争は、1980年代にBCGによって開発されたコンセプトで「時間こそが顧客と企業の双方にとって最も貴重な資源である」と考え、時間短縮が競争優位を決めるという考え方です。

時間に着目したきっかけは、BCGが、急成長する日本の自動車メーカーを研究したことです。トヨタ自動車をはじめとする日本の自動車メーカーは、**かんばん方式**[59]などで生産にかかる時間を大幅に短縮しており、その結果、コストを大幅に削減し、多様な品種の車を世に送り出すことで快進撃をしていました。日本企業は新車の開発から発売までを36カ月で行いますがアメリカ企業は60カ月かかっていました。これは企画・開発部門、製造部門、原料調達先、部品メーカーなどが早い段階から情報共有を行い同時並行で開発を行ってい

利益率の時間弾力性

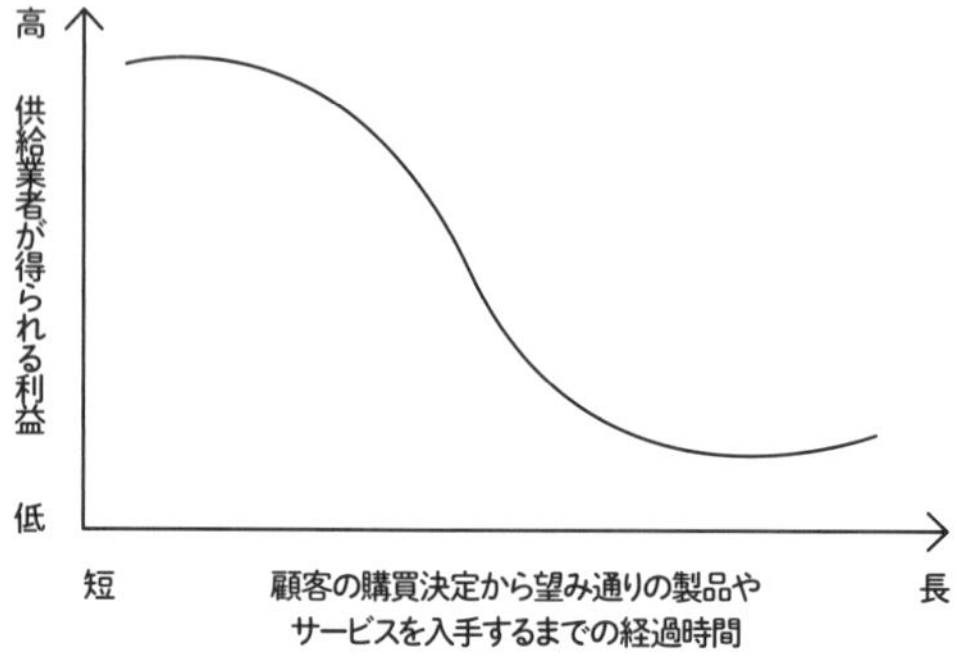
高
供給業者が得られる利益
低
短
顧客の購買決定から望み通りの製品やサービスを入手するまでの経過時間
長

たからです。そして研究の結果、その強さはムダな時間をなくす「生産リードタイムの短縮にある」と発見し、「時間短縮」の重要性に気づいたわけです。

さらに企業活動を分析することで気づいたのは、生産時間のうち、95％は何の付加価値も生み出していない「待ち時間」だったのです。タイムベース競争戦略は納期の短縮による「顧客価値の向上」や生産ラインのムダの削減による「生産性の向上」、同じ時間でより多くの企画や開発に注力できることによる「多新種の製品・サービスの市場への投入による市場対応力の向上」、需要期に近いタイミングでの生産の判断が行えることによる「在庫リスクの軽減」なども見込まれることから「売上・利益の向上」による競争優位につながる戦略なのです。まさに「時はカネなり」ですね。

ポイント

メーカーの生産プロセスの改善だけでなく経営判断などあらゆる場面に応用が利きます。

特にホワイトカラーの業務では「部長のハンコがまだです！」といった待ち時間を見直すことが大切です。

48 BPR（ビジネス・プロセス・リエンジニアリング）

Business Process Reengineering

IT化によるコスト削減戦略

BPR（ビジネス・プロセス・リエンジニアリング）とは、これまでの業務プロセスや管理方法を抜本的に見直し、仕事の進め方をドラスティックに変更する戦略です。

売上高、利益、顧客満足（CS＝Customer Satisfaction）、従業員満足（ES＝Employee Satisfaction）などの目標を設定し、これまでの業務プロセスや管理方法、組織構造などを抜本的に見直し、最適化することで業務スピードの向上、人件費などのコスト削減、さらに競争優位を増していきます。

1990年代からITを利用したリエンジニアリングが盛んにいわれるようになりました。

具体的には調達、生産、販売、会計などさまざまなシステムをひとつに統合した「ERP＝Enterprise Resource Planning」（統合業務パッケージ）を導入し、それに合わせて業務プロセスなど

マイケル・ハマーが提唱するBPRを進める6つの考え方

① 複数のプロセスを統合
② 縦の階層を減らし、一人の人間が行うよう権限委譲
③ 例外処理を少なくし、プロセスを単純化
④ 別々の部署に分けずできるだけひとつの場所で行う
⑤ 管理・チェック・調整などの付加価値が生まれない作業を最小限にする
⑥ 顧客との接点となるプロセスオーナーの権限を強化

を変えていく事例が有名ですが、ＥＲＰの内容がすべて自社に合うとは限りません。まずは自社のこれまでの業務プロセスを正しく認識して問題点を把握することや、組織構造を階層型からフラット型に変更する、人事制度や会社の経営理念を再確認するなど多面的な角度から変革を行うことが大切です。

提唱者である経営コンサルタントのマイケル・ハマーによると、アメリカのある自動車会社はＩＴを積極的に活用するだけでなく、日本の自動車会社が行っている業務プロセスを参考に経理部門の人員の75％を削減し、業務の正確さと迅速性を飛躍的に向上させることに成功したといいます。

ＩＴはあくまでもツールであると認識し自社独自の方法を検討することが大切です。

ポイント

業務フローの見直しは、社内の複数の部署をまたぐことが必要になるため目的を明確化し、話し合うことが大切です。

リエンジニアリングは一世を風靡《ふうび》しましたが、コスト削減に利用されてしまったために多くの会社で失敗してしまいました。

Book

M・ハマー＆J・チャンピー
リエンジニアリング革命
企業を根本から変える業務革新

『リエンジニアリング革命―企業を根本から変える業務革新』マイケル・ハマー他著
元マサチューセッツ工科大学教授でもある著者による、アメリカ・日本の企業が大躍進した業務プロセスを解説。

49 BCGのデコンストラクション

Deconstruction

バリューチェーンを分解して、再構築する

伝統的な企業はバリューチェーンすべてを一気通貫型で自社で行うインテグレーターでした。そのバリューチェーンを分解して、再構築することで新たなビジネスモデルが生み出せます。それが**デコンストラクション**です。

バリューチェーン分析㊶は、その付加価値の連鎖を機能ごとに分け、どの機能が付加価値を生み出しているかを分析することです。デコンストラクションをするときにも、「どの機能がコストの割に付加価値が低いか」を調べた上で、再構築を検討します。

再構築の型には、次の4つがあるとしています。

①**レイヤーマスター**：バリューチェーンの一機能に特化することで、その部分で圧倒的な地位を築いているプレーヤーです。電子機器の生産に特化した台湾の鴻海《ホンハイ》精密工業や、CP

Company

鴻海精密工業

1974年創業。台湾に本社を持つ世界最大のEMS(Electronics Manufacturing Service)企業。

PCが高価であった時代にデルはオーケストレーターとして成功しましたがPCのコモディティー化によって次第に競争力を失った例もあります。

U（中央処理装置）で独占的な状態をつくったインテルは、その例です。

②**オーケストレーター**：バラバラになったバリューチェーンを束ねてオーケストラの指揮者のように、消費者に価値を提供するプレーヤーです。デルはその好例です。バリューチェーン全体を仕切ってはいますが、部品の調達や製造などは他社に任せています。

③**マーケットメーカー**：既存のバリューチェーンに入っていって、新しい市場をつくるプレーヤーです。**プラットフォーム戦略®**㉘のように、中古車買い取りのガリバーはその例です。

④**パーソナルエージェント**：消費者の側に立って購買代理を行うプレーヤーです。最近日本でもよく見る多様な会社の生命保険を扱う保険ショップはその一例です。

ポイント

製品ライフサイクルが変化することで柔軟に戦略を変更する必要が出てくることに注意が必要です。

デコンストラクションの4つのパターン

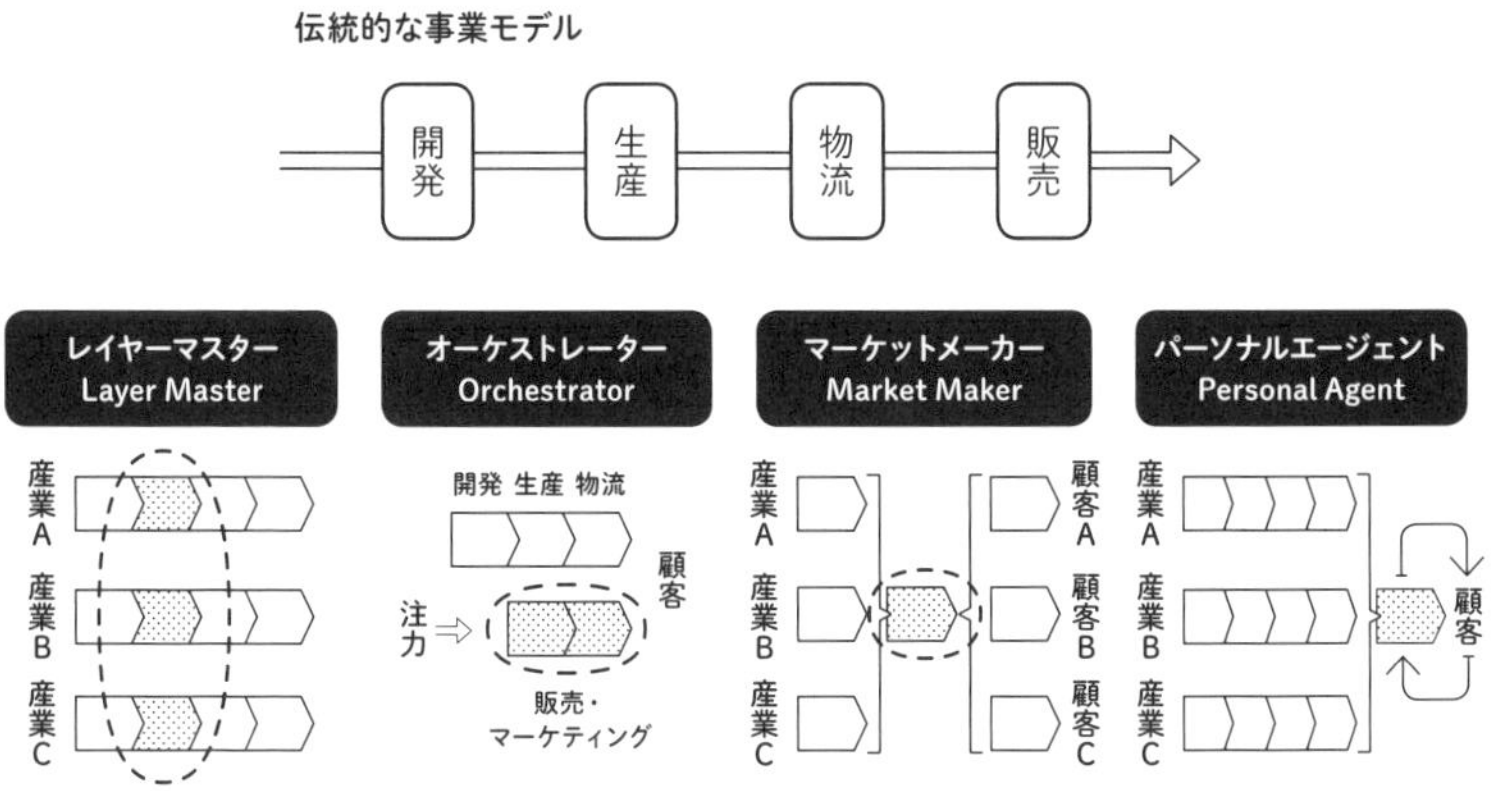

Question 05

コトラーは業界内での企業の地位を＿＿＿＿、＿＿＿＿＿＿＿、＿＿＿＿＿＿、＿＿＿＿＿＿の4つに分類、競争に勝ち抜くためには、それぞれの地位に応じた戦略を選べと説いた。

Question 06

アドバンテージマトリックスは、事業を＿＿型、＿＿型、＿＿型、＿＿＿＿型の4つに分類する。

Question 07

将来起こりうる状況を複数考え、そのための戦略を練っておく方法が＿＿＿＿＿＿＿＿。

Question 08

NPSとは＿＿＿＿＿＿＿＿＿＿＿＿＿＿のこと。商品やサービス、ブランド、企業などに対する顧客の＿＿＿＿＿＿＿＿＿＿の指標を測るための指標で、＿＿＿＿＿＿＿＿＿＿が提唱。

Question 09

コーペティションとは＿＿＿＿＿＿＿＿と＿＿＿＿＿＿＿＿を合わせた概念。

Question 10

タイムベース戦略は、一言で言えば、＿＿こそが顧客と企業の双方にとって最も貴重な＿＿。

Question 11

1990年代に一世を風靡したBPRは、＿＿＿＿＿＿＿＿＿＿＿＿＿＿＿＿＿＿の略。

Question 12

デコンストラクションは、＿＿＿＿＿＿＿＿を分解・再構築して新たなビジネスモデルを生み出す。

Examination

Part 5

「事業戦略」テスト

競合企業に勝つための戦略を自分のものにしよう！

第5章で学んだ事業戦略は、競合企業とどのように戦っていくかを決めるものです。マイケル・ポーターやBCGなどのフレームワークは企業であれば必要になる戦略といってよいでしょう。それでは、「おさらい」してみましょう。

＊設問の答えは162ページに掲載しています

Question 01

ファイブフォース分析で、競争状態を決める要因は
______、______、______、______、______である

Question 02

マイケル・ポーターは______の教授である。

Question 03

マイケル・ポーターが競争優位を築くために提唱した3つの基本戦略とは、______、______、______である。

Question 04

バリューチェーン分析を使えば、会社がどの機能で______を生み出しているかがわかる。

Answer
Part 5

Question 01	□	ファイブフォース分析で、競争状態を決める要因は**業界内の競合他社**、**買い手の交渉力**、**売り手の交渉力**、**代替品の脅威**、**新規参入の脅威**である。
Question 02	□	マイケル・ポーターは**ハーバード・ビジネス・スクール**の教授である。
Question 03	□	マイケル・ポーターが競争優位を築くために提唱した3つの基本戦略とは、**コストリーダーシップ**、**差別化**、**集中**である。
Question 04	□	バリューチェーン分析を使えば、会社がどの機能で**付加価値**を生み出しているかがわかる。
Question 05	□	コトラーは業界内での企業の地位を**リーダー**、**チャレンジャー**、**フォロワー**、**ニッチャー**の4つに分類、競争に勝ち抜くためには、それぞれの地位に応じた戦略を選べと説いた。
Question 06	□	アドバンテージマトリックスは、事業を**特化**型、**規模**型、**分散**型、**手詰まり**型の4つに分類する。
Question 07	□	将来起こりうる状況を複数考え、そのための戦略を練っておく方法が**シナリオプランニング**。
Question 08	□	NPSとは**ネット・プロモーター経営**のこと。商品やサービス、ブランド、企業などに対する顧客の**ロイヤルティー（忠誠度）**の指標を測るための指標で、**ベイン・アンド・カンパニー**が提唱。
Question 09	□	コーペティションとは**協調（Cooperation）**と**競合（Competition）**を合わせた概念。
Question 10	□	タイムベース戦略は、一言で言えば、**時間**こそが顧客と企業の双方にとって最も貴重な**資源**。
Question 11	□	1990年代に一世を風靡したBPRは、**ビジネス・プロセス・リエンジニアリング**の略。
Question 12	□	デコンストラクションは、**バリューチェーン**を分解・再構築して新たなビジネスモデルを生み出す。

Part 6

Functional Strategy

第6章 機能別戦略

企業にはさまざまな組織を横断する機能があり、それらの機能別に戦略を考えるのが機能別戦略です。マーケティング戦略、技術戦略、生産戦略、組織戦略、財務戦略などがあります。

マーケティング戦略

50

STP

Segmentation Targeting Positioning

戦略策定は、まずSTPから

顧客満足の視点から最適な企業活動を考えるのがマーケティング戦略です。

マーケティングのフレームワークとして4P51が有名ですがあくまでもSTPを先に検討しましょう。「**セグメンテーション**（Segmentation）」「**ターゲティング**（Targeting）」「**ポジショニング**（Positioning）」は一体となったプロセスであることから、それぞれの頭文字を取って「**STP**」と呼ばれます。

まず、「**セグメンテーション**」は、同じニーズを持つ顧客同士をグルーピングする（セグメントに分ける）ことです。市場細分化ともいわれます。

重要なことはセグメントで分けることでマーケティング戦略が変わるかどうかです。もし同じ戦略で対応できるのであれば分ける意味はありません。機械的に20代の女性、30代の

STPのステップ

市場・顧客情報の収集・分析（リサーチ）
Research

市場構造の把握（セグメンテーション）
Segmentation

標的の絞り込み（ターゲティング）
Targeting

自社の位置取り（ポジショニング）
Positioning

マーケティング・ミックス
4P

消費財のセグメンテーション基準例

地理的軸：地域、都市規模、人口密度、気象

人口統計的軸：年齢、性別、家族数、ライフサイクル、所得、職業、学歴、社会階層

心理的軸：ライフスタイル、性格

行動面の軸：購買機会、追求便益、使用者状態、使用頻度、ロイヤルティー、購買準備段階、マーケティング要因感受性

女性などと分けてしまう場合がありますが、それは20代と30代の女性で自社製品の訴求方法を変える必要がある場合のみ有効なのです。

次は「**ターゲティング**」。セグメントした顧客グループのうち、どのグループを自社の顧客ターゲットにするかを決めます。ターゲットを絞ることで、経営資源を集中投下できます。顧客を絞らないほうがいいのではないかと思うかもしれませんが、まずは特定顧客をターゲットにすることでそこから波及して全体マーケットを狙う方が効率的なのです。

そして「**ポジショニング**」。そのターゲットに、自社製品を「独自の価値がある」と認識してもらえるよう、他社製品と差別化できる位置づけ、すなわちポジションを見つけ出すことです。

ポイント

マーケティングの4Pを行う前にSTPを検討するようにしましょう。

STPをする方が市場全体をターゲットにするよりも、成功する確率は高まります。

マーケティング戦略

51 4P（マーケティング・ミックス）

Product Price Place Promotion

製品サービスを分類する際にも有効

4Pとは、アメリカのマーケティング研究者であるジェローム・マッカーシーが提唱した、ターゲットに働きかけるためのマーケティングの4つの要素のことです。

4つの要素とは、「**製品**」（Product、何を売るか）、「**価格**」（Price、いくらで売るか）、「**流通**」（Place、どこで売るか）、「**プロモーション**」（Promotion、どうやって自社製品・サービスを知ってもらうか）。これら4つをいかにうまく組み合わせられるかが重要です（**マーケティング・ミックス**）。

4Pの前にSTPを行うのは、ターゲットやポジショニングが違えば、4Pも変わってくるからです。

妊娠検査薬を例に挙げましょう。妊娠検査薬のターゲットは「子どもがほしい人」「子どもがほしくない人」の2種類が考えられます。子どもがほしい人がターゲットの場合は、

4P（マーケティング・ミックス）

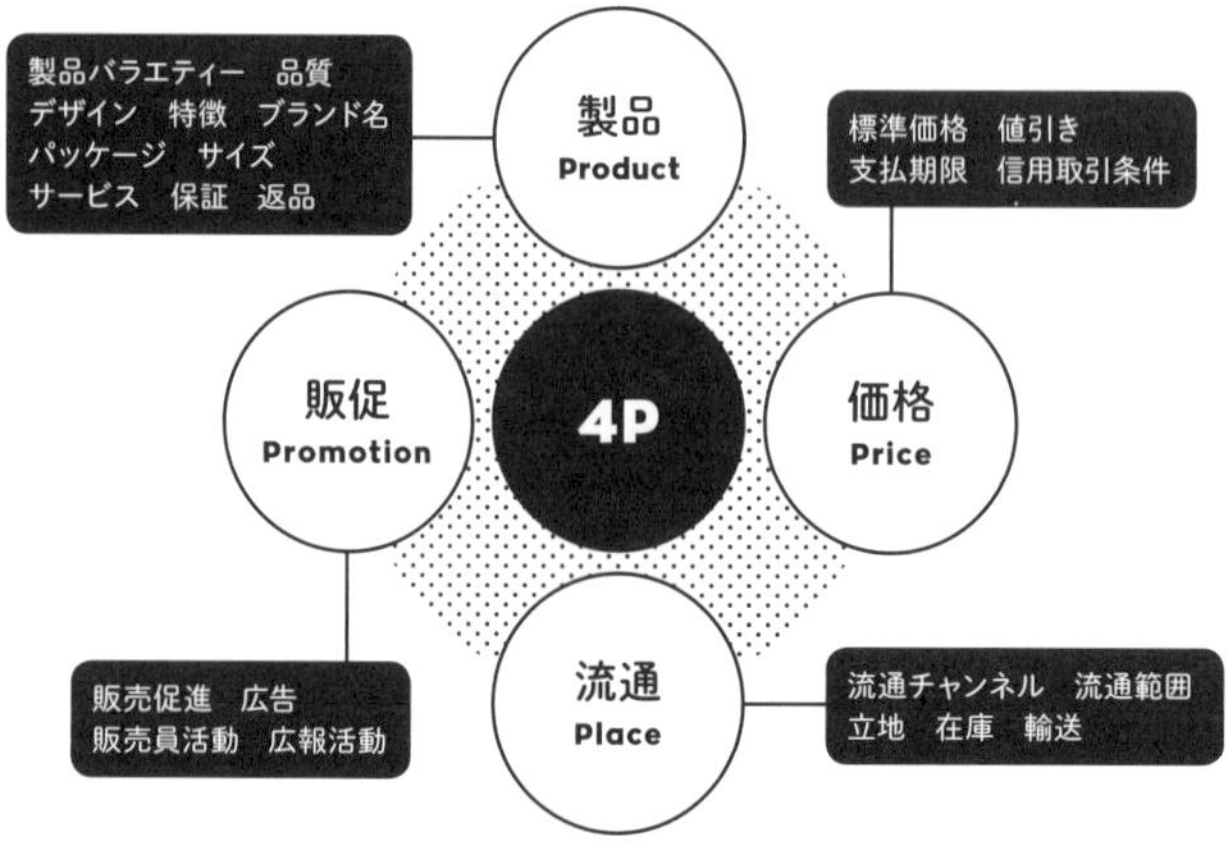
製品バラエティー　品質
デザイン　特徴　ブランド名
パッケージ　サイズ
サービス　保証　返品
製品
Product
標準価格　値引き
支払期限　信用取引条件
販促
Promotion
4P
価格
Price
販売促進　広告
販売員活動　広報活動
流通
Place
流通チャンネル　流通範囲
立地　在庫　輸送

ポジショニングは「簡単に間違いなく診断すること」になります。

一方、子どもがほしくない人をターゲットにした場合は、ポジショニングは「妊娠していないことがすぐにわかり、安心させること」になります。すると、どちらをターゲットにするかによって、4Pも変わってきます。

子どもがほしい人がターゲットなら、「赤ちゃんの顔などが載った明るいパッケージ」「薬局の目立つ場所に置く」といったことが考えられます。確実に診断できるなら、多少高めの価格設定でも問題ないでしょう。

一方、子どもがほしくない人がターゲットだと、「地味なパッケージ」「薬局の目立たない場所」となるでしょう。若い人が多い場合、価格設定は低く抑えたほうがよさそうです。

ポイント

4Pはもちろん重要なフレームワークですが、あくまでもSTPを先に検討しましょう。

4Pは売り手側の視点であることから、買い手側の視点から見た「4C」で考えたほうがよいという意見もあります。4Cとは、Commodity（商品）、Cost（コスト）、Channel（流通経路）、Communication（コミュニケーション）です。

52 製品ライフサイクル

Product Life Cycle

技術戦略

製品には誕生から衰退までの流れがある

製品ライフサイクルとは、すべての製品や市場には誕生から衰退に至るサイクルがある、という考え方です。自社製品がどの時期にあるかを把握することで、戦略立案の参考になります。

具体的には、ある企業が新製品を世に送り出す「**導入期**」、売上や利益が急速に伸び競合も増えてくる「**成長期**」、売上の伸びが鈍化しライバル社との競争が激しくなる「**成熟期**」、代替品の登場などによって売上や利益が下がり多くの企業が撤退する「**衰退期**」の4つの時期をたどります。売上高は下図のようなS字になるとされています。

製品がどの時期にあるかによって、とるべきマーケティング戦略は変わってきます。たとえば、**導入期**は売上や利益は低い状態ですが広告宣伝費などのプロモーションを行わなけ

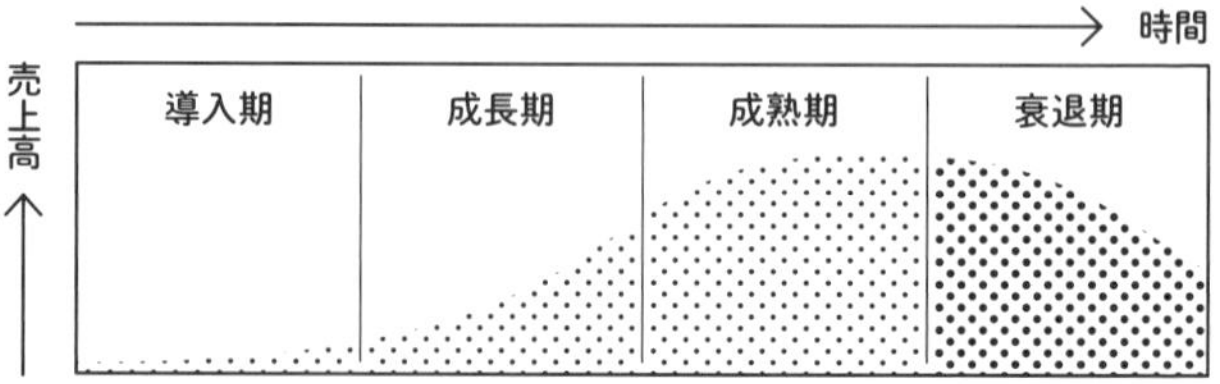

	導入期	成長期	成熟期	衰退期
売上	低い	急成長	低成長	低下
利益	マイナス	ピーク	低下	低下
キャッシュフロー	マイナス	プラス	プラス	プラス
競合企業	なし	増加	多数	少数
マーケティング目標	市場拡大	市場浸透	シェア維持	生産性確保
マーケティングの重点	認知	ブランド	ブランド・ロイヤルティー	選択的
ターゲット	改革者	大衆	大衆	保守層

経営戦略
戦略的思考
外部環境と内部環境
全社戦略・成長戦略
事業戦略
機能別戦略
戦略実行

ればならないので赤字になる可能性もあります。

また、**成長期**は市場規模が拡大しているのですが、その分競合他社も増えてくるので、市場で知られた存在になり多くのシェア獲得を目指すことが重要になります。自社製品のよさを丁寧に説明することが必要です。

成熟期は競争が激しくシェアを奪いにくいので、シェアを維持する戦略が重要になってきます。基本機能はどの製品もだいたい同じになることが多いので、パッケージデザインなどのイメージ戦略が鍵を握ります。

衰退期になると、広告や販促活動はあまり意味を成しません。撤退を考えてもよい時期ですが残存利益もあります。

自社が扱う製品はどの時期にあるのかを把握することで、戦略の誤りを防ぐことができるでしょう。

ポイント

成長期から衰退期に急落したり、成熟期にあったはずの製品が再び成長期を迎えたりすることもあるので、要注意です。

「導入期」はintroduction phase、
「成長期」はgrowth phase、
「成熟期」はmaturity phase、
「衰退期」はdecline phaseです。

Book

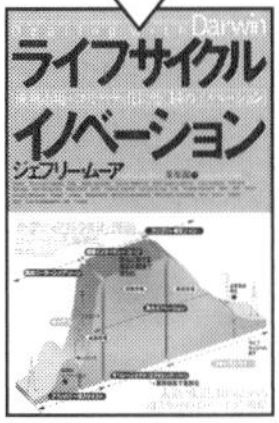
Darwin
ライフサイクル
イノベーション
ジェフリー・ムーア

『ライフサイクル イノベーション――成熟市場+コモディティ化に効く14のイノベーション』ジェフリー・ムーア著

14タイプのイノベーションで、長期的な差別化を達成した100社以上の事例を紹介。

53 ビッグデータとＩoT

技術戦略

Big Data & Internet of Things

人・社会・環境の状況を把握し戦略に生かす

ビッグデータとは諸説ありますが、「ＩＣＴ（Information and Communication Technology）の進化による従来企業が扱ってきたデータよりも大容量、高頻度更新、多様な種類のデータを扱う新たな仕組み」といえます。これによりタブレット端末やスマートフォン、さらにはセンサーなどのモノにも通信機能が搭載されつつあり、人だけでなく社会・環境の状況変化をリアルタイムに映し取るデータが取得できるようになりました。**ＩoT**とは「モノのインターネット」といわれ電力メーターや部品などにも通信機能を持たせることで自動制御や遠隔計測などを行うことが可能になってきています。

さらにＳＮＳ（ソーシャル・ネットワーキング・サービス）などの普及によって画像や動画などのデータが個人からも発信されるようになりました。こうした大量かつ多種多様

ビッグデータ活用例

マルチメディアデータ **Multi Media Data** ウェブ上で提供される音声、動画など	ソーシャルメディアデータ **Social Media Data** SNSのプロフィール、コメントなど	センサーデータ **Sensor Data** GPSなどで検知される履歴データ
オフィスデータ **Office Data** オフィス文書、メールなど	ビッグデータ **Big Data**	ウェブサイトデータ **Website Data** ECサイトなどの購入履歴など
カスタマーデータ **Customer Data** ECサイトの会員データなど	オペレーションデータ **Operation Data** 販売管理上のPOSデータなど	ログデータ **Log Data** ウェブサーバに自動生成されるログなど

なデータ、すなわちビッグデータから人・社会・環境の状況を把握し企業の戦略に生かす動きが広がってきています。従来と大きく異なるのはデータだけでなくその活用方法です。自社のバリューチェーンの一部を外部に委託することがインターネットの普及によってより容易になっただけでなく、他社が持つビッグデータと組み合わせることで、自社単独では実現できなかった新しい事業の可能性が開かれたことは経営戦略上極めて重要な変化だといえます。

　たとえばヨーロッパで普及が進んでいるPay As You Driveという自動車保険は、カーナビのGPS情報から契約者の運転状況を把握することで、当該契約者ごとに実際の走行や運転の仕方をリスク分析することで、優良ドライバーには保険価格を下げることを実現しています。

ポイント

近年、特にビッグデータで経営の領域が変わる可能性が高まってきています。

Book

『ビッグデータの正体 ―― 情報の産業革命が世界のすべてを変える』ビクター・マイヤー＝ショーンベルガー他著

すべてが「ビッグデータ」によって大きく変わってきている。2013年に話題となったキーワードを初めて本格的に論じた一冊。

個人のプライバシー保護も重要な課題となっていますが、複数の企業が持つデータを相互に利用することで従来は実現できなかった新しい戦略の構築が実現しつつあります。

技術戦略

54 クラウド・サービス
Cloud Service

すべてをインターネット上に保存する

グーグルのエリック・シュミット元CEOが名づけたといわれる「**クラウド**（雲）」とは、データを自分のパソコンなどではなくインターネット上に保存するサービスのことです。これによってどこからでもパソコンやスマートフォンによってデータを閲覧、編集、アップロードすることができ、他の人とデータの共有などもできるようになりました。このためパソコンの中にデータを保存する必要もなくなってきています。企業向けのクラウドサービスとしては以下の3つがあります。

①SaaS（サーズ＝Software as a Service）：インターネット経由でソフトウエアパッケージを提供するものです。たとえばGmailなどのウェブメールサービスです。ASP（Application Service Provider）と呼ばれることもあります。

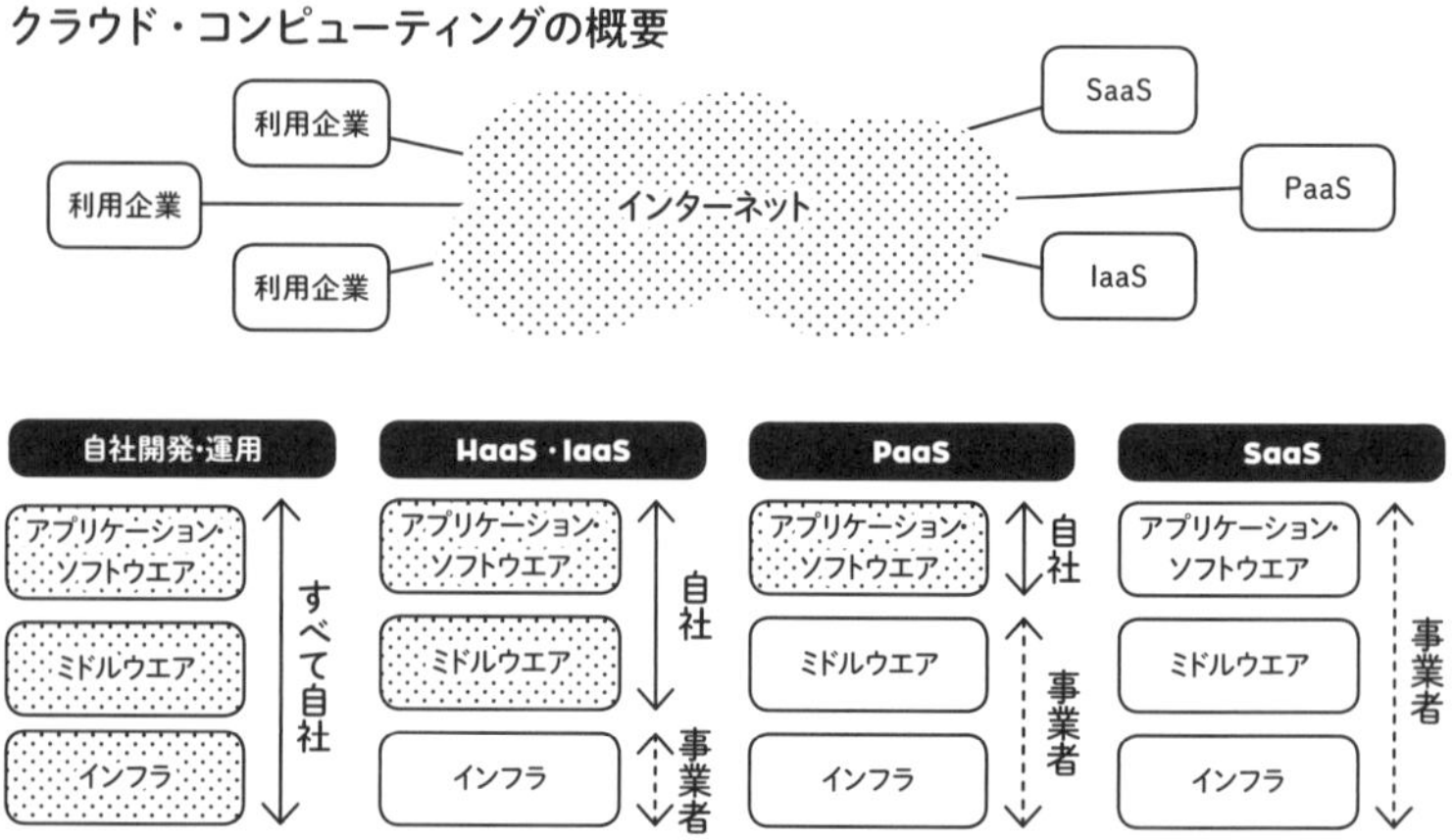
クラウド・コンピューティングの概要
利用企業
利用企業
利用企業
インターネット
SaaS
PaaS
IaaS
自社開発・運用
アプリケーション・ソフトウエア
ミドルウエア
インフラ
すべて自社
HaaS・IaaS
アプリケーション・ソフトウエア
ミドルウエア
インフラ
自社
事業者
PaaS
アプリケーション・ソフトウエア
ミドルウエア
インフラ
自社
事業者
SaaS
アプリケーション・ソフトウエア
ミドルウエア
インフラ
事業者

②PaaS（パーズ＝Platform as a Service）：インターネット経由でアプリケーションの開発・運用ができるプラットフォームを提供するものです。

③HaaS・IaaS（ハース＝Hardware as a Service、アイアス＝Infrastructure as a Service）：インターネット経由でハードウエアや回線などのインフラを提供するものです。

これらのクラウドサービスによるメリットはサーバーやソフトウエアを自社で購入する必要がなく利用するときのみレンタルできることです。また、システム構築の期間が短縮でき、メンテナンスも自社で行う必要はありません。初期費用や減価償却が不要で利用料だけなので負担軽減が可能なのです。デメリットは、サービスの安定稼働に対するリスクやサーバーからの情報流出などのリスクでしょう。

ポイント

端末の進化とともに、あらゆる情報がどこでもいつでも取り出せるようになっています。

メーカーはデジタル化によりあらゆる製品がクラウド化する可能性を検討すべきでしょう。

55 オムニチャネル戦略

技術戦略

Omni-Channel Strategy

ネットとリアルの融合戦略

オムニチャネルとは、ネットとリアルを融合させる戦略で、実店舗、オンラインモールなどの通販サイト、自社サイト、テレビやカタログ通販、ソーシャルメディアなど、顧客が接するあらゆるところから商品を注文・購入でき、また受け取りは近くのコンビニエンスストアでできるようにするものです。

オムニチャネルの「オムニ」とは「すべての」という意味ですが、複数の販路を組み合わせて提供する**「マルチチャネル」**との違いは、あり得るすべての販路を統合することに焦点が置かれている点です。実店舗とオンラインの店舗を融合して販売やマーケティングに生かす取り組みは「**O2O（オーツーオー）**」と呼ばれます。

たとえばセブン&アイホールディングスは「流通革新」第2ステージとして、リアルとネットを融合することで、成熟

Company

セブン&アイホールディングス

セブン-イレブン・ジャパン、イトーヨーカ堂、そごう・西武などを傘下に持つ日本の大手流通持株会社。グループ売上　9兆5978億円（2014年2月期連結決算業績）。

あらゆる顧客と接点統合することで、小売りが大きく変わることでしょう。

した国内マーケットに新たな市場と成長を呼び起こすためにオムニチャネル戦略を推進するとしています。具体的には「オムニチャネル推進プロジェクト」を発足させグループ各社の他、多くの外部企業も参加しています。そしてグループ内の百貨店のショッピングサイトの商品をセブン-イレブンで受け取れるサービスをスタートしました。

これにより、限られた店舗スペースのために売れ筋商品だけしか置けないコンビニでの取り扱い商品数を飛躍的に増やせました。また、店舗数が限られている百貨店や無店舗のインターネット通販事業は、全国に展開しているセブン-イレブンの店舗網での注文や受け取りが可能になるのです。**ビッグデータ**53の活用によってさらにきめ細かい顧客中心の新しい小売りの経営戦略として注目を集めています。

ポイント

インターネットと実店舗を融合させることで、顧客視点から小売業の形態を大きく変化させる可能性があります。

コンビニエンスストアの店舗網を核にした、オムニチャネル戦略概念図

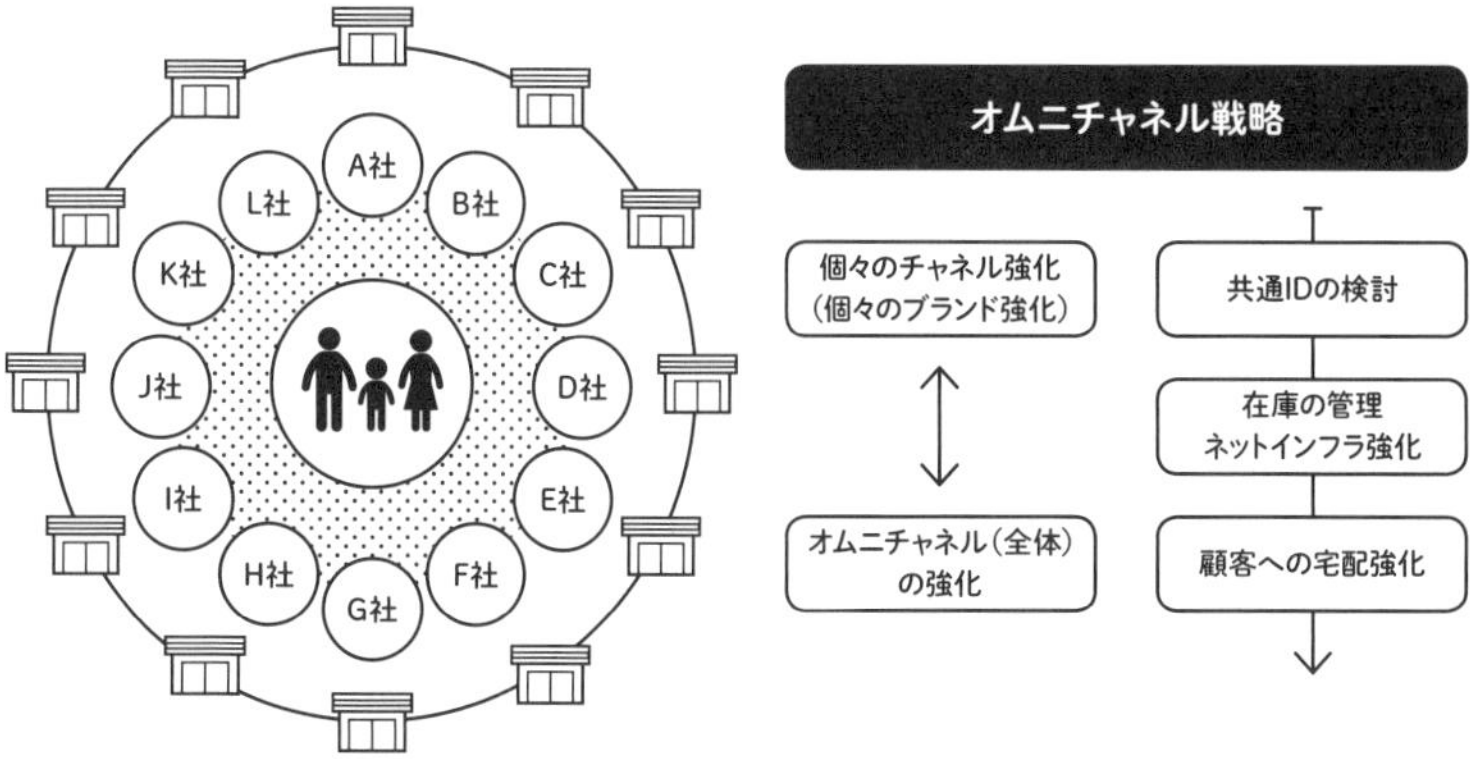

技術戦略

56 イノベーター理論とキャズム

Innovator Theory & Chasm

キャズムを超えろ！

イノベーター理論とは、スタンフォード大学のエヴェレット・ロジャーズ教授が提唱した、新製品や技術がどのような流れで世の中に普及していくかを示した理論です。中でもハイテク製品特有の現象が**キャズム**です。

最初に新製品に飛びつくのは、とにかく新しいものが好きなハイテクオタクである「**イノベーター**」。その後、新しいものに敏感で実利も求める「**アーリー・アダプター**」、先行者の成功事例を確認してから採用することで確実に実利を得ようとする「**アーリー・マジョリティー**」、慎重でなかなか採用しようとしない「**レイト・マジョリティー**」の順番に広まっていきます。そして最終的には、新しいものが嫌いな「**ラガード**」に広まります。

それぞれの人々が全体に占める割合は下図のようになって

イノベーター理論とキャズム

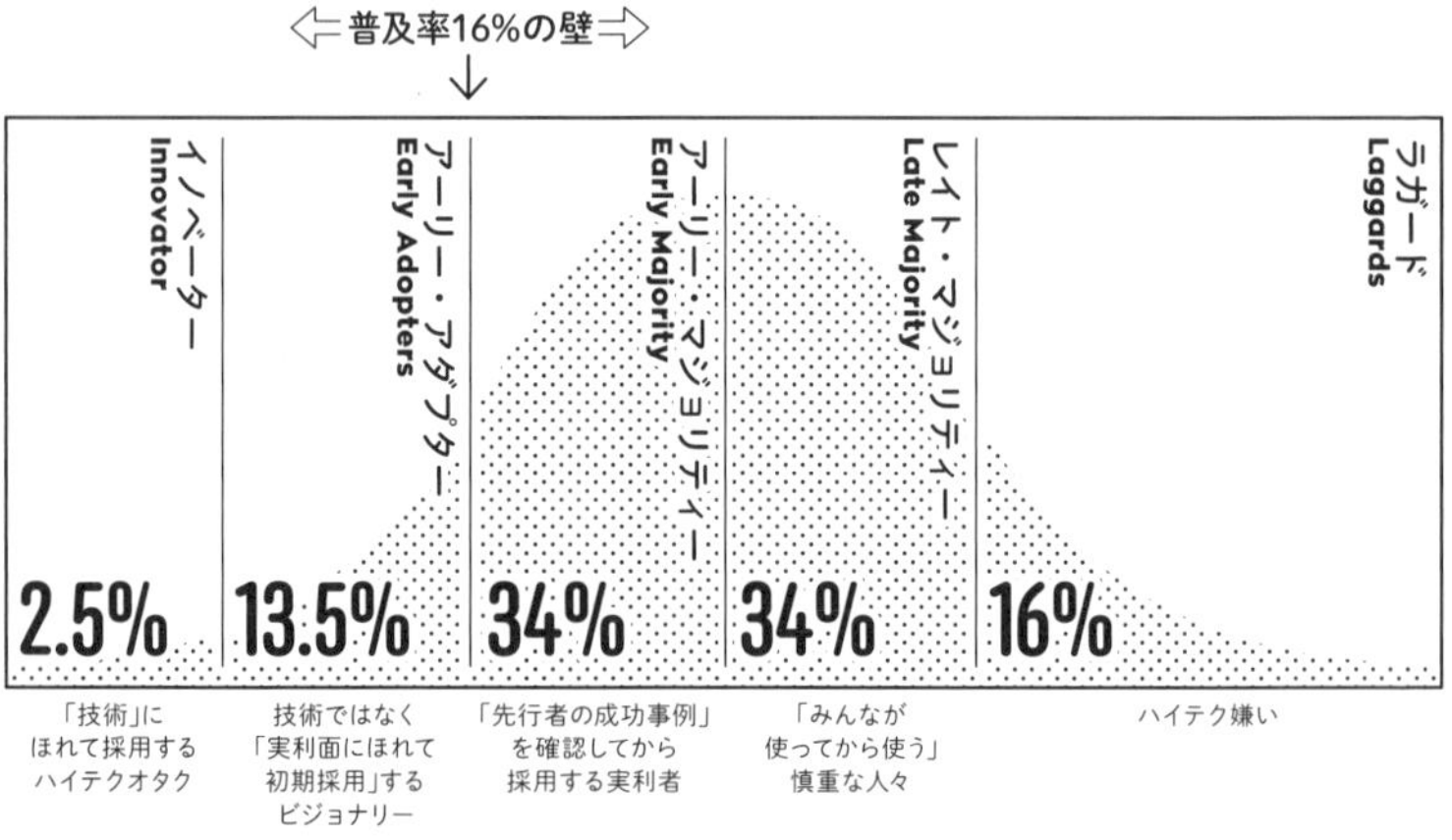
⇦普及率16%の壁⇨
イノベーター
Innovator
2.5%
アーリー・アダプター
Early Adopters
13.5%
アーリー・マジョリティー
Early Majority
34%
レイト・マジョリティー
Late Majority
34%
ラガード
Laggards
16%
「技術」にほれて採用するハイテクオタク
技術ではなく「実利面にほれて初期採用」するビジョナリー
「先行者の成功事例」を確認してから採用する実利者
「みんなが使ってから使う」慎重な人々
ハイテク嫌い

おり、売上を伸ばすには、最多数派であるアーリー・マジョリティーに支持される必要があります。その鍵は、アーリー・アダプターに普及させること。彼らに製品の魅力を口コミで広げてもらうことが重要です。

ただし、アメリカのマーケティングコンサルタントであるジェフリー・ムーアは、ハイテク製品の場合、アーリー・アダプターとアーリー・マジョリティーの間には「深く大きな溝（キャズム）」が広がっており、それ（普及率16％）を飛び越えるのは容易ではないと語っています。レーザーディスクやMDなどはキャズムに阻まれた典型といえます。

キャズムを超えるには、実利を求めるアーリー・マジョリティーの全員ではなく、一部の人にだけ最適な製品を訴求するなどマーケティング戦略も変える必要があるのです。

ポイント

アーリー・アダプターとアーリー・マジョリティーはマーケティング戦略が必要であることに注意しましょう。

Book

キャズム
ジェフリームーア
2
すべて最新事例

『キャズム Ver.2 増補改訂版 新商品をブレイクさせる「超」マーケティング理論』ジェフリー・ムーア著
全世界でベストセラーとなった『キャズム』が、事例を刷新して改訂。キャズムを越えたサービスや製品を最新事例で学べる。

キャズムの16%はあくまでハイテク製品の場合なので注意が必要です。

技術戦略

57 破壊的イノベーション

Disruptive Innovation

主要市場までも侵食し、持続的技術を駆逐する

クレイトン・クリステンセンは、技術には**「持続的技術(Sustaining Technology)」**と**「破壊的技術(Disruptive Technology)」**の2種類があると述べています。「持続的技術」とは、より高機能を求める顧客を満足させるために、既存製品の性能を高めていった技術。対する「破壊的技術」とは、持続的技術よりも性能が低いものの、「低価格」「小型」「シンプル」などの特徴を持った技術のことです。

破壊的技術は、当初、従来の主要市場では支持されないものの、ローエンド市場では評価されます。

しかし、持続的技術、破壊的技術の両方が右肩上がりで性能を向上させていくと、破壊的技術は低価格にもかかわらず主要市場で通用するだけの高性能を持つようになります。その結果、破壊的技術が主要市場までも侵食し、持続的技術を

イノベーションのジレンマ

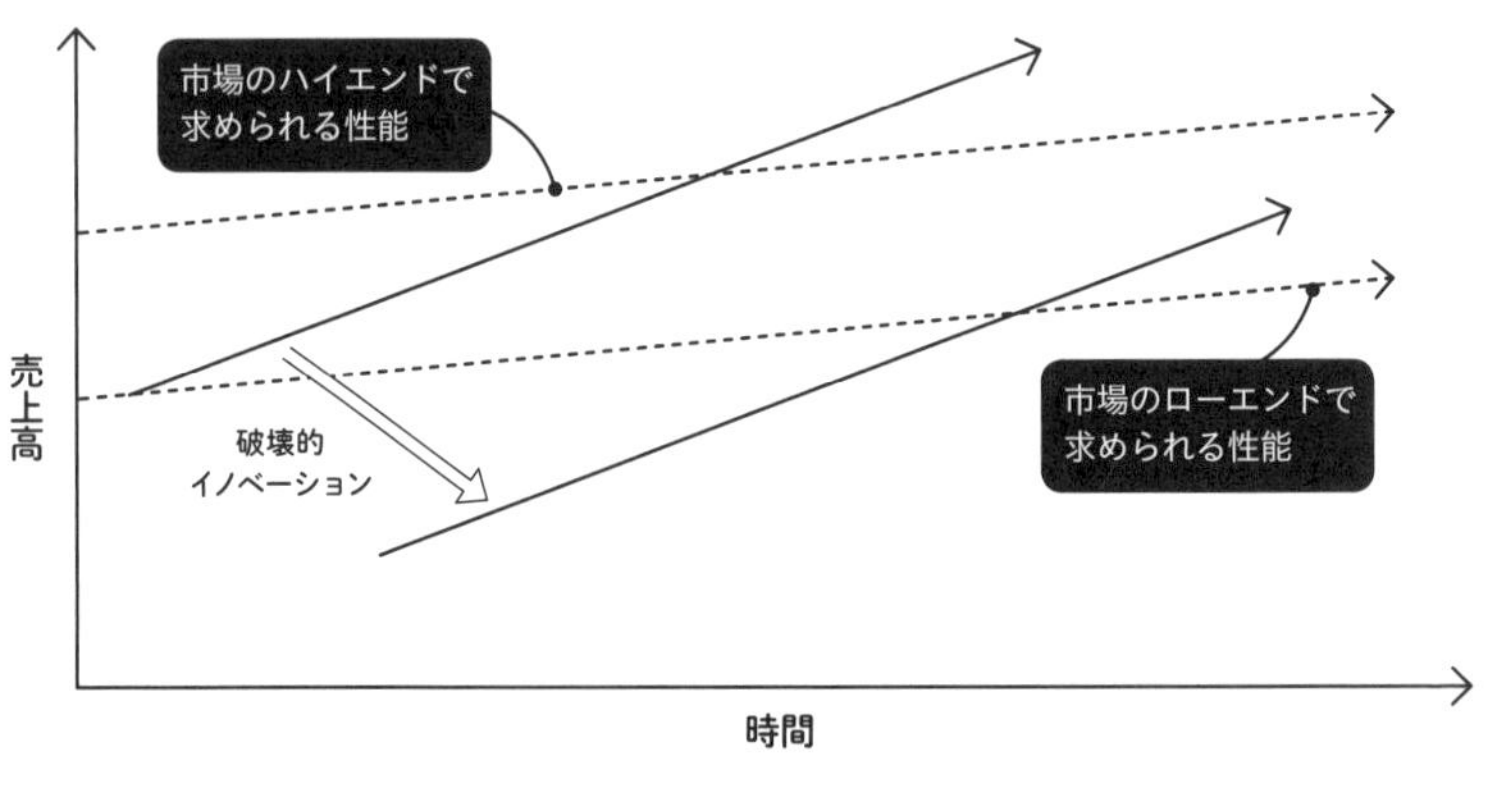

駆逐します。これが**「破壊的イノベーション」**です。

銀塩カメラよりも画質が劣るものの、フィルムが要らず相対的にコストが安く済むデジタルカメラは、破壊的技術のひとつでした。

破壊的イノベーションの恐ろしさは、従来、主要市場で活躍していた優良企業が、顧客の満足度を上げようと製品の性能を着実に向上させていたにもかかわらず、突如別のプレーヤーによって失速する事態を招くことです。

こうした悲劇を防ぐには、持続的技術よりも破壊的技術の開発を狙う手がありますが、目の前の顧客を失うリスクを冒して新技術に賭けることは企業としてはなかなか決断できません。このような状況を**「イノベーションのジレンマ」**といいます。

ポイント

イノベーションは別のプレーヤーによって常に非連続的に登場してくることに注意が必要です。

Book

『イノベーションのジレンマ――技術革新が巨大企業を滅ぼすとき』クレイトン・クリステンセン著
ハーバード・ビジネス・スクールの教授である著者による名著。大手企業に必ず訪れるという「ジレンマ」を解き明かす。

大企業は常にベンチャーなどの新勢力を軽視せずに戦略を練ることが必要です。場合によっては早いうちに買収を行うことも選択肢のひとつでしょう。

58

技術戦略

標準化とデファクトスタンダード

Standardization & de Facto Standard

世界がほしがる「事実上の標準」

市場にさまざまな種類のある製品の規格や標準を決める「**標準化**」には、2つの種類があります。ひとつは「**デジュリスタンダード**」。ISO（国際標準化機構）などの標準化団体が定めた規格です。

そして、もうひとつが「**デファクトスタンダード**」。標準化団体が定めたわけではなく、市場競争の結果、世界的に「**事実上の標準**」とみなされるようになった規格や製品のことです。

パソコンOSのウィンドウズやワープロソフトのワード、家庭用ビデオのVHSはその代表といえるでしょう。

技術戦略を立案する際、製品によっては、このデファクトスタンダードをいかに目指すかが焦点になることがあります。ウィンドウズを例にとれば、職場でも学校でもウィンドウズ

Keyword

デジュリスタンダード

de jure Standard
標準化団体によって定められた標準規格。デジュリとは、古典ラテン語で「法令」を意味する。

後発でも国家のロビー活動や他国の企業とのアライアンスなどによって巧みにデファクトスタンダード化に成功しているので注意が必要です。

のパソコンを使っていますから、自然とウィンドウズを選ぶユーザーが増えていきます。すると、「ここにチャンスあり」と、それに対応した専用ソフトなど（これらを「**補完財**」といいます）を開発する企業が増えてきます。こうなれば、ウィンドウズはますます使い勝手がよくなり、さらにユーザーが増えるというわけです。このような効果を「**ネットワーク外部性**」といいます。

「他社よりもはるかに技術力が高い」「業界に先駆けて開発した」からといって、デファクトスタンダードになるとは限りません。ビデオのベータがデファクトスタンダードになれなかったのは、有名な事例です。他企業との提携や「技術を他社に安価や無料で公開する」といった、世に普及させる戦略が鍵を握ります。

ポイント

自社製品が市場でその座を獲得できれば、巨大な利益を期待できます。

デファクトスタンダードをめぐる競争

分野	製品
カーナビ	ナビ会社 VS スマートフォン・アプリ
スマートフォンOS	iOS VS Android
ブラウザ	IE VS Google Chrome
ビデオ	VHS VS ベータ
携帯電話	W-CDMA VS CDMA2000
記憶媒体	メモリースティック VS SDカード

Question 05

4Cの要素は、＿＿＿＿＿＿＿＿＿＿＿＿
＿＿＿＿、＿＿＿＿＿＿＿＿＿＿＿＿、＿＿＿
＿＿＿＿＿＿、＿＿＿＿＿＿＿＿＿＿＿＿＿＿。

Question 06

IoTとは、Internet of Thingsの略。「＿＿のインターネット」と呼ばれる。

Question 07

クラウドの名付け親は＿＿＿＿の元CEO＿＿＿＿＿＿＿＿＿＿といわれている。

Question 08

クラウド・サービスとは、データをインターネット上に＿＿するサービス。企業向けクラウド・サービスには、＿＿＿＿＿＿＿、＿＿＿＿＿＿＿、＿＿＿＿＿＿＿＿＿＿＿＿＿＿の3つがある。

Question 09

オムニチャネル戦略とは、＿＿＿と＿＿＿を融合させるもの。

Question 10

実店舗とオンラインの店舗を融合して販売やマーケティングに生かす取り組みを＿＿という。

Question 11

＿＿＿技術が主要市場までも侵食し、＿＿＿技術を駆逐することを「破壊的イノベーション」と呼ぶ。

Question 12

「標準化」には＿＿＿＿＿＿＿＿＿＿と＿＿＿＿＿＿＿＿＿＿＿＿＿があある。

Examination

Part 6-1

「機能別戦略」テスト①

まずはマーケティング戦略と技術戦略を覚えていこう！

第6章のテーマは機能別戦略です。企業にはさまざまな組織を横断する機能があり、それらの機能別に戦略を考える必要があります。まずは、マーケティングと技術戦略から「おさらい」してみましょう。

＊設問の答えは218ページに掲載しています

Question 01

STPとは＿＿＿＿＿＿＿＿、＿＿＿＿＿＿＿＿、＿＿＿＿＿＿＿＿が一体となったプロセス。

Question 02

マーケティングで重要なことは、＿＿の前に＿＿を検討すること。

Question 03

マーケティングの4Pとは、＿＿＿＿＿＿、＿＿＿＿＿＿、＿＿＿＿＿＿、＿＿＿＿＿＿のこと。

Question 04

製品ライフサイクルとは、すべての製品や市場には＿＿＿から＿＿＿に至るサイクルがある、という考え方。

59 かんばん方式

生産戦略

Just-in-Time Method = KANBAN System

世界中のメーカーで使われているトヨタ方式

メーカーは製品を製造し販売することで収益を上げるので、売るモノが不足しないように通常「在庫」を持ちます。しかしかつてトヨタ自動車の豊田喜一郎社長は、以前から、在庫スペースをムダだと考えており、組み立てるときに必要な分だけ部品があればいい、と考えていました。

これが「必要なものを、必要なときに、必要なだけ」という**「ジャスト・イン・タイム」**の考え方です。その考え方を基に、のちに副社長となる大野耐一氏が編み出したのが、**かんばん方式**です。

かんばん方式が生まれる前、生産管理方式はアメリカの自動車メーカー・フォードの大量生産方式がもてはやされていました。生産工程を細分化し、作業を分担して、ベルトコンベヤーに載せて、流れ作業でつくり、小品種を大量生産する

かんばん方式の概念図

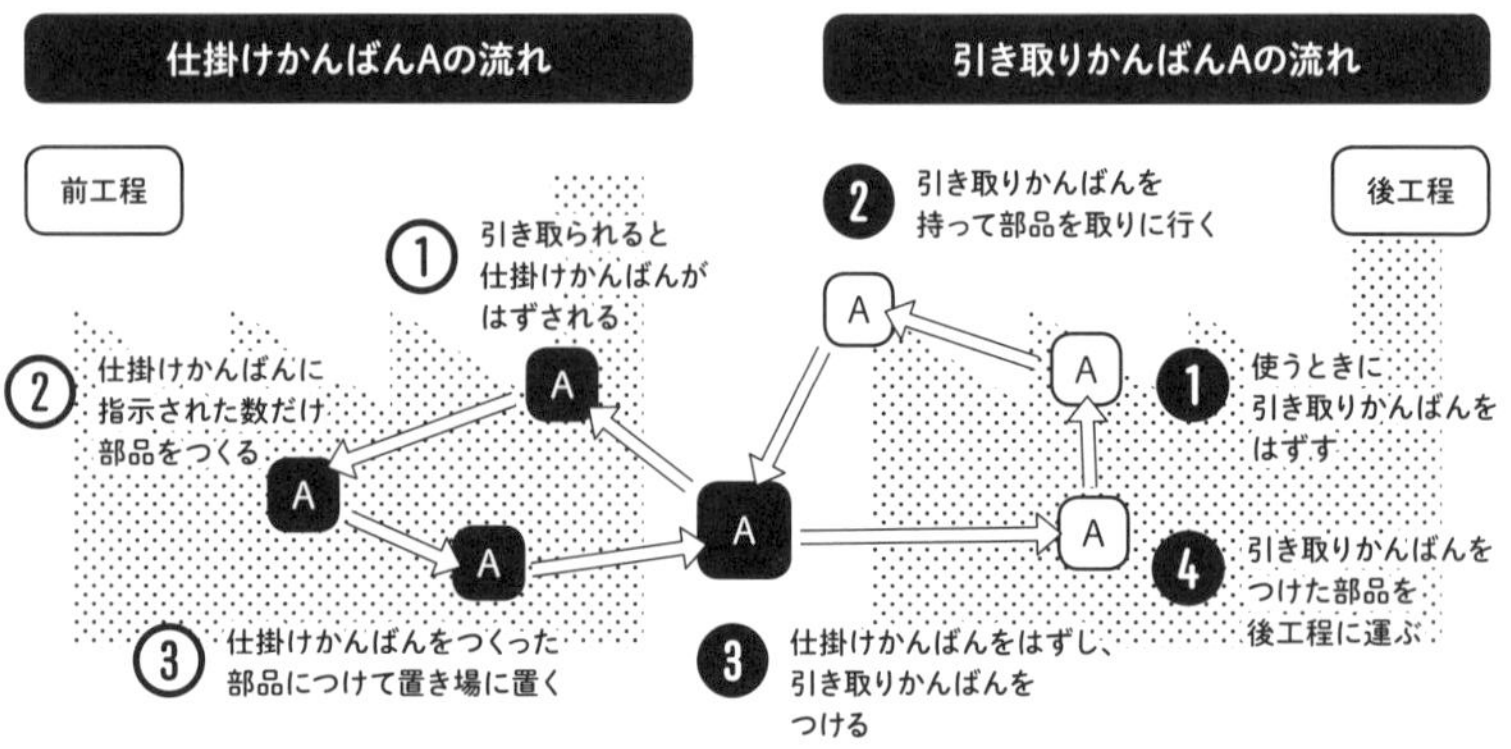
仕掛けかんばんAの流れ
引き取りかんばんAの流れ
前工程
後工程
① 引き取られると仕掛けかんばんがはずされる
② 仕掛けかんばんに指示された数だけ部品をつくる
③ 仕掛けかんばんをつくった部品につけて置き場に置く
❶ 使うときに引き取りかんばんをはずす
❷ 引き取りかんばんを持って部品を取りに行く
❸ 仕掛けかんばんをはずし、引き取りかんばんをつける
❹ 引き取りかんばんをつけた部品を後工程に運ぶ
A

方式です。

しかしトヨタは、後工程が必要になった部品を、必要なときに前工程に取りに行き、前工程は、後工程が引き取る部品だけを生産し、補充することで、余計な在庫が発生することなく、倉庫の確保や在庫整理などをしなくて済む方式を生み出しました。部品名や品番などが書かれた帳票（かんばん）を使って、前工程と後工程が意思の疎通を図ることから、この名前がついたのです。

ちなみに、この方式は、大野氏がアメリカに視察に行った際に見た、スーパーマーケットがヒントになっています。スーパーマーケットでは、商品名、品番、置き場所など、商品に関する情報が記載されている商品管理用のカードが使われていたのです。

ポイント

在庫を減らすことで下請け会社に部品在庫がたまってしまわないようにバリューチェーン全体で検討することが大切です。

Book

『トヨタ生産方式——脱規模の経営をめざして』大野耐一著
1978年に発行されたトヨタの独自の生産方式を解説した名著。逆転の発想による実践書。

トヨタ自動車が考案した「かんばん方式」は、今やKANBANという英語として、世界中のメーカーで使われている生産方式です。

生産戦略

60

BTO
Build To Order

ITや生産技術を駆使した受注生産

BTO（Build To Order）とは、パソコンなどのメーカーで採用されている「受注生産」の一種。部品の状態で用意しておき、顧客の要望に合わせて、組み立てます。

　こうした受注生産は、紳士服などで、昔からありますが、汎用《はんよう》品と比べると、高い料金がかかることがネックでした。それに対し、BTOは、ITや生産技術を駆使することで、低コストで製品を提供するところに特徴があります。パソコンメーカーのデルが有名です。CPUやハードディスクの容量、ディスプレーなどを自由に選ぶことができる上に、価格もリーズナブルなパソコンを売り出し、多くのユーザーから支持を受けました。

　低価格が実現できたのは、顧客に直販することで中間マージンを削減し、**「かんばん方式」**59や**「セル生産方式」**63、

Company

デル

Dell Inc.
1984年、テキサス大学の学生だったマイケル・デル（現会長兼ＣＥＯ）が創業。世界市場トップレベルのシェアを持つエンドツーエンドのソリューション・プロバイダー。

BTOは売上が先に立ち、部品などの支払いは後になるのでキャッシュフロー上もメリットがあります。

「サプライチェーン・マネジメント」61などを導入して製造コストを削減したためです。しかしパソコンの陳腐化により廉価版が発売になったことで、次第にBTOの魅力は失われてきています。

現在ではデル以外のパソコンメーカーや自動車メーカーなどでも、BTOを導入しています。

ユニークなところでは、スポーツ用品メーカーであるナイキの「NIKEiD」も、BTOのひとつといえます。ランニングシューズやバスケットボールシューズのデザインを自分の好きなようにカスタマイズできるサービスで、1999年の開始以来、高い人気を誇っています。

また、海外では子ども服の完全オーダーができるベンチャーも人気です。

ポイント

商品が高価な時代は好みに合わせたBTOで低価格化が人気でしたが、廉価版が出てくるとメリットはなくなります。

デルのBTO

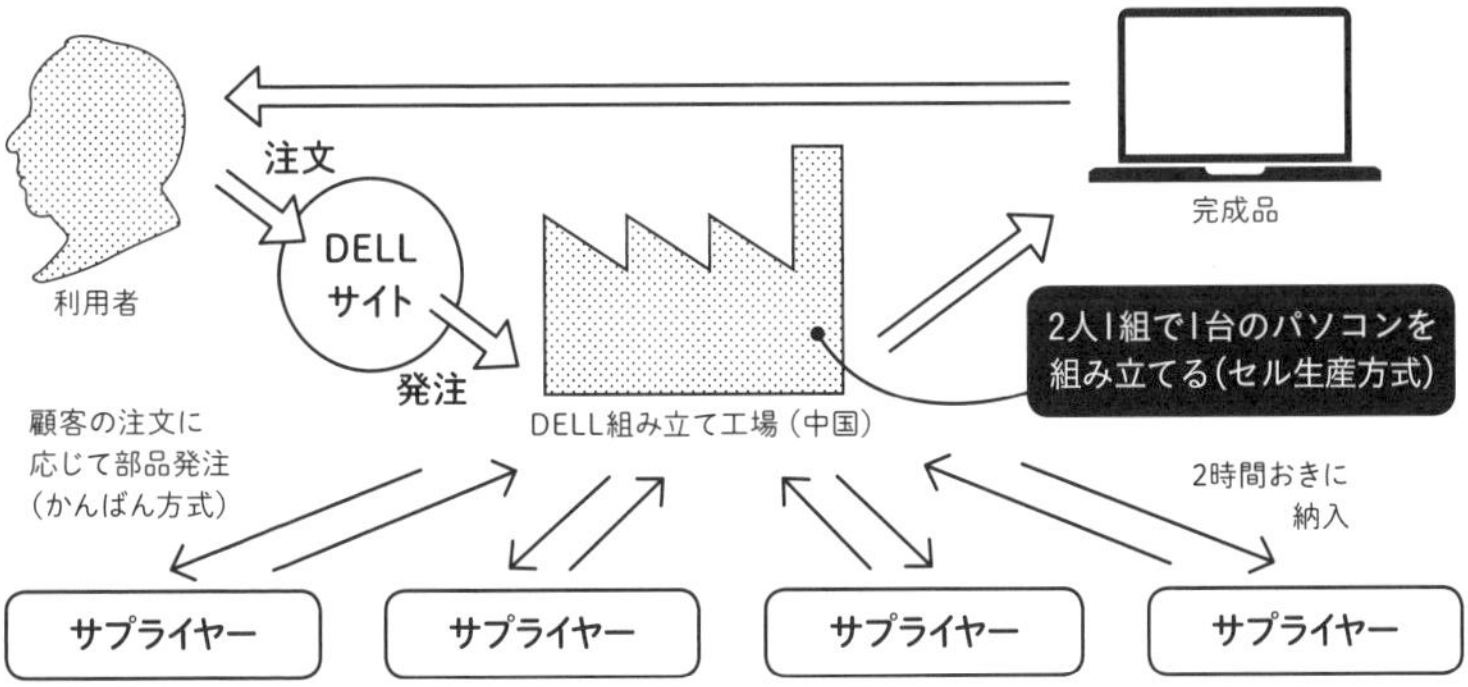

上記の方式を、同社は「ダイレクト・モデル」と呼んでいる

生産戦略

61

サプライチェーン・マネジメント（SCM）

Supply Chain Management

全体最適を図る経営管理手法

開発から始まり、製造、販売に至るまで、消費者に商品やサービスを届けるまでの一連のプロセスを「サプライチェーン」といいます。**「サプライチェーン・マネジメント（SCM）」**は、このサプライチェーンの全体最適を図る経営管理手法のことです。

諸説あるものの、類似の概念である**バリューチェーン**41が企業内での価値の連鎖であるのに対して、サプライチェーンは複数の企業にわたるものだとされています。

たとえばメーカーであれば、原料は原材料メーカーから調達し、販売は小売店が行い、配送は運送業者が行っています。こうした協力会社をセットで考えて、全体最適を図ります。サプライチェーンを全体的に眺めると、さまざまな部分でムダがあることがわかります。原材料調達や生産のリードタイ

サプライチェーン・マネジメント

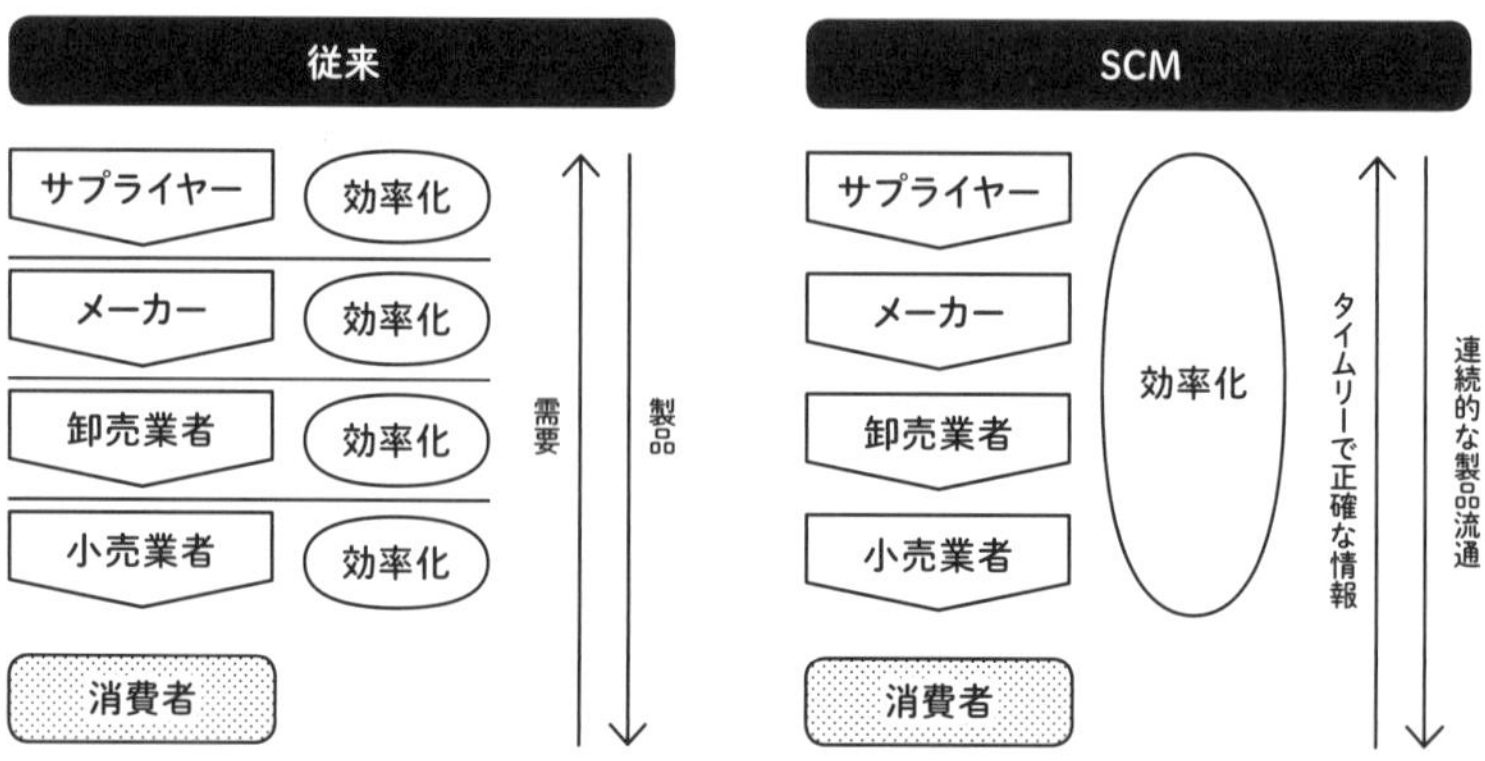

ムが長かったり、大量の在庫を抱えていたり、売れている商品の店頭在庫が切れてしまったり、といった具合です。

これらが生じる原因は、各会社や部門で情報が共有されておらず、サプライチェーン内の企業がバラバラに動いているためです。そこで、SCMでは、各社で情報を共有し、連携を深められるよう、情報システムを活用しプロセスのムダをなくすことで生産性が上がり、顧客の要望に合った商品をスピーディーに提供できるようになるのです。

ただし、いくら取引先でもすべての情報を共有するわけにはいきません。開示とのバランスがSCMの難しいところです。

いずれにしても、生産効率を高める戦略を考える上で、SCMは欠かすことができない手法といえるでしょう。

ポイント

企業間の業務プロセスを効率化することによって、ムダをなくし生産性を上げる管理手法です。

在庫リスクを大手メーカーが負うなど、各社がWIN＝WINになるように運用することが重要です。

生産戦略

62

TOC（制約理論）
Theory of Constraint

ボトルネックに注目して、最適化を行う

TOC（制約理論）とは、生産管理手法の理論のひとつ。**「ボトルネック」**に注目することで、サプライチェーンの流れをよくし、生産性を高めようという考え方です。

イスラエルの物理学者であるエリヤフ・ゴールドラット博士によって提唱され、小説『ザ・ゴール』で一躍有名になりました。ゴールドラット博士によれば、キャッシュフローを生むには、次の3つの条件を満たすことが必要だといいます。

①スループット（売上マイナス原材料や輸送費などの変動費）を増大させる
②運転資本（流動資産マイナス流動負債）を低減させる
③経費（人件費なども含む）を低減させる

そのうち、スループットを増やすためには、**サプライチェーン**61のスムーズな流れを止めている「ボトルネック」の部

Book

The Goal
ザ・ゴール
17年間
翻訳が禁じられた
いわくつきの
一冊!

『ザ・ゴール —— 企業の究極の目的とは何か』エリヤフ・ゴールドラット著
機械メーカーの工場長であるアレックス・ロゴを主人公にしたビジネス小説。2014年に刊行されたコミック版も人気。

大企業の決裁が遅いのは、管理職がボトルネックになっていることが多いようです。

分（制約条件）に注目し、それを改善していくことが大切です。

具体的には、「ボトルネックの生産能力に合わせて、全体の生産ペースを調整する」ことで、後工程の待ち時間が減少し、生産効率が上がります。それまでは各部門が部分最適を目指したために全体としてはかえって過剰な生産が生まれていました。生産してもボトルネックがある限りムダが生じていたのです。

こうした場合にはボトルネックの部分だけを集中的に改善していくことが重要です。たとえば、ボトルネックの工程に高性能の機械を導入して、生産能力を向上させたりします。これによりムダな過程が減少し、生産のリードタイムが短縮され、全体の生産能力が上がるというわけです。

ポイント

ボトルネックを改善しない限り全体の生産は上がらないことに注意が必要です。

TOC（制約理論）とは

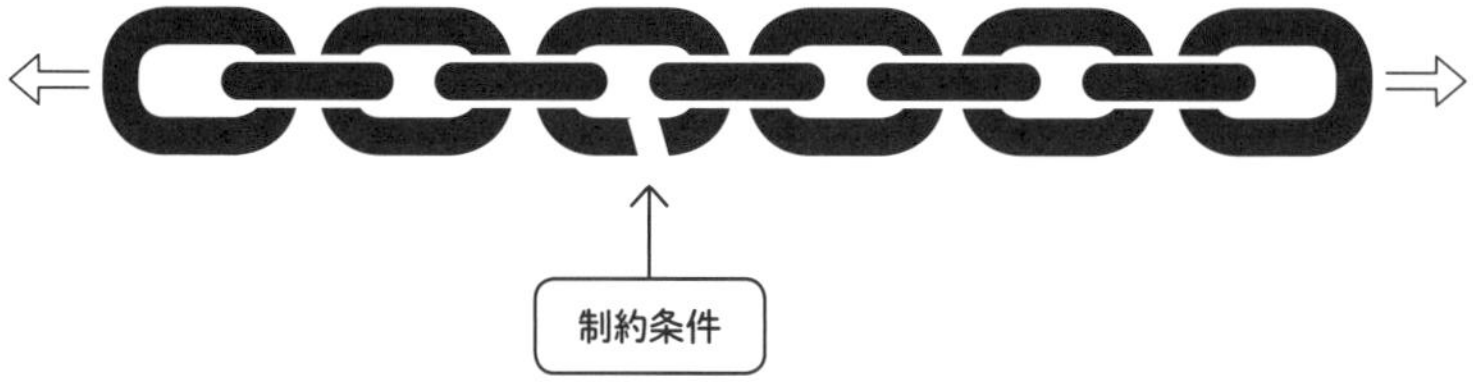

サプライチェーンの全体の強さ（能力）は、一番弱い輪（プロセス）に依存している

63

セル生産方式

Cell Production System

生産戦略

生産量に変化のある製品に適した手法

セル生産方式は、ベルトコンベヤーを使った生産方式ではなく、一人もしくは少人数の作業員が部品の取り付けから組み立て、検査まで複数の工程を担当する生産方式のことです。「セル」と呼ばれる、主にU字型の作業台で作業をすることから、この名前が付きました。基本的には、作業台と治工具、部品を入れる棚があれば、できてしまいます。

大量生産には向きませんが、多品種少量生産や生産量の変化に対応しやすいのが特徴です。「多品種少量」「短納期対応」を求める時代の要請から、1990年代に盛んにメーカーが採用し始めました。

セル生産は少人数で行うので、仕掛品（製作途中の製品）が発生しにくく、「前工程から部品が来ないので、何もできない」といった手待ち時間も発生しにくく効率もよいのです。

コンベヤー生産方式とセル生産方式

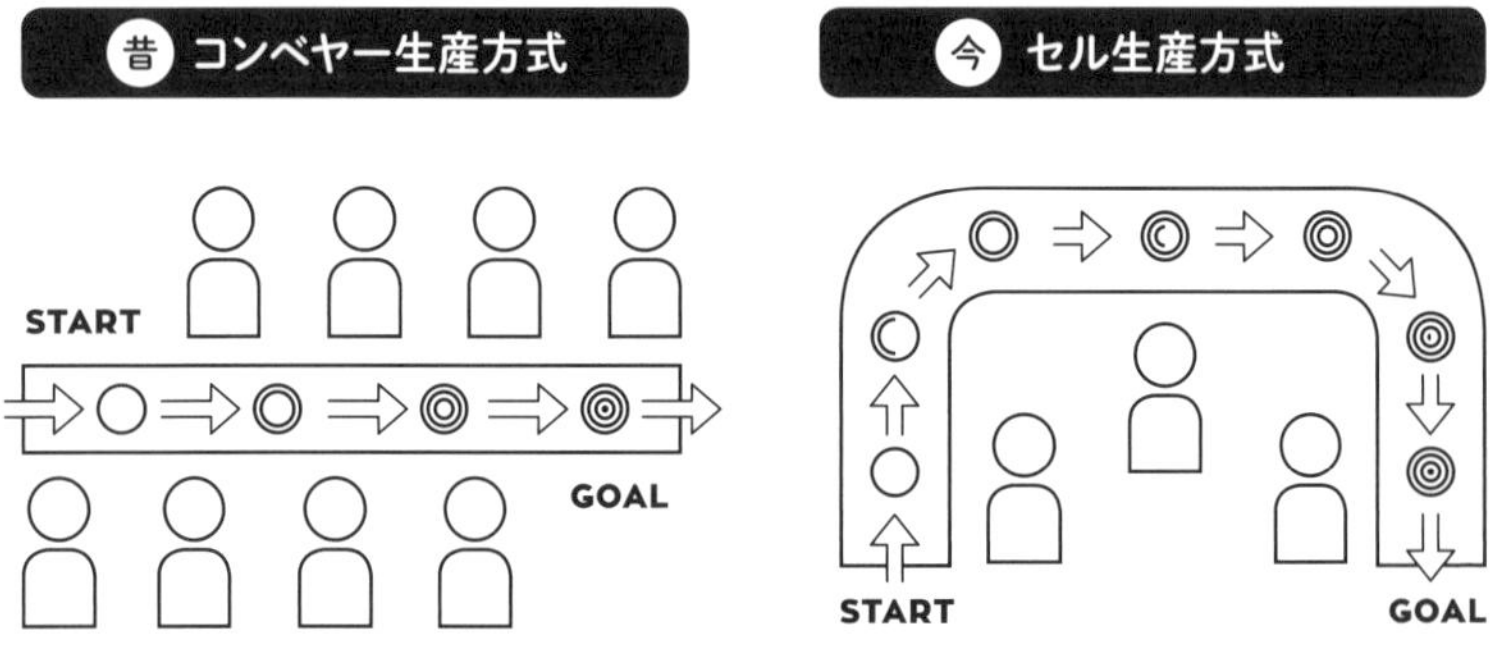

ベルトコンベヤーのラインに、単純な作業をする人が並び、流れ作業でつくる方式。

少人数の作業員が一人で複数の工程を担当する方式。

また、ライン生産方式と比較して、場所をとらず、設備投資も小額です。常に人が現場で作業をしているので、改善箇所にすぐ気づくことができ、小さな改善が絶え間なく行われます。このため、たいがいの場合は不良品率も下がり、余計なコストがかかりません。

さらにセル生産方式は、一人で複数の工程をこなすので、部分だけをつくっているときと比べて、モノをつくっているという充足感が生じるため作業員のモチベーションが高まりやすいというメリットもあります。

たとえば、キヤノンの成功事例がよく知られています。セル生産方式を導入した結果、商品の在庫期間を約3日から5〜6時間に短縮でき、工場の運転資金を約3分の1に削減できたといいます。

ポイント

作業員の技量によって生産速度や質は大きく変わるという点に注意が必要です。

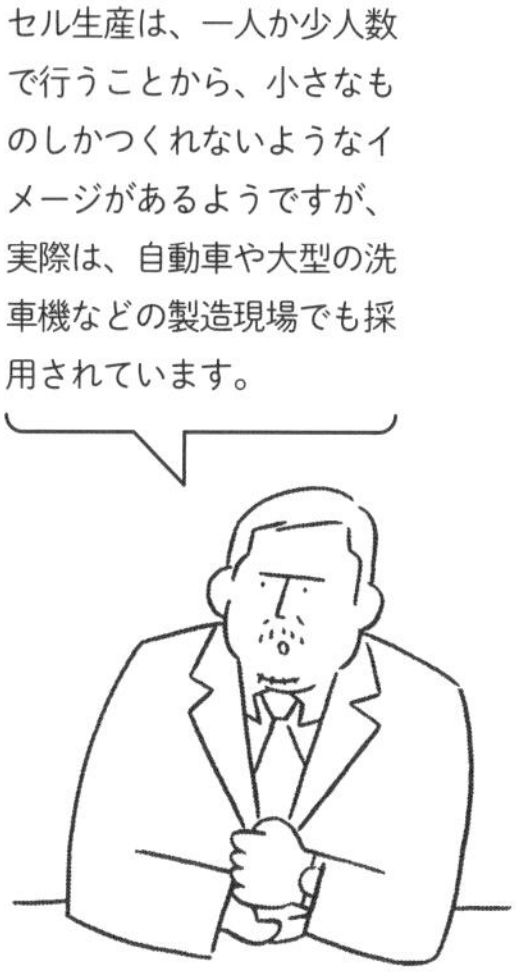
セル生産は、一人か少人数で行うことから、小さなものしかつくれないようなイメージがあるようですが、実際は、自動車や大型の洗車機などの製造現場でも採用されています。

64

OEM

Original Equipment Manufacturing

生産戦略

相手先ブランドで販売される製品を生産する

「リスクを最小限に抑えて、製品を生産したい」「自社にブランドや企画はあるが、生産技術がない」ときに使われる方法が**OEM**で、生産を担当するメーカーがOEMメーカーです。

OEMによる製品で有名なのは、コンビニエンスストアやスーパーなどのPB（プライベートブランド）商品です。食品や家電、化粧品、衣料など、さまざまな分野に広がっています。「富士康（フォックスコン）」という商標名を持つ電子機器受託製造（EMS）世界最大手の台湾の鴻海《ホンハイ》精密工業は、アップルの「iPhone」や「iPad」の組み立てで急成長しました。

生産を委託するメーカーにとってのメリットは「自社の工場設備を増やすことなく、生産量を増やせること」です。自

OEMによるコンビニエンスストアのプライベートブランド商品の流れ

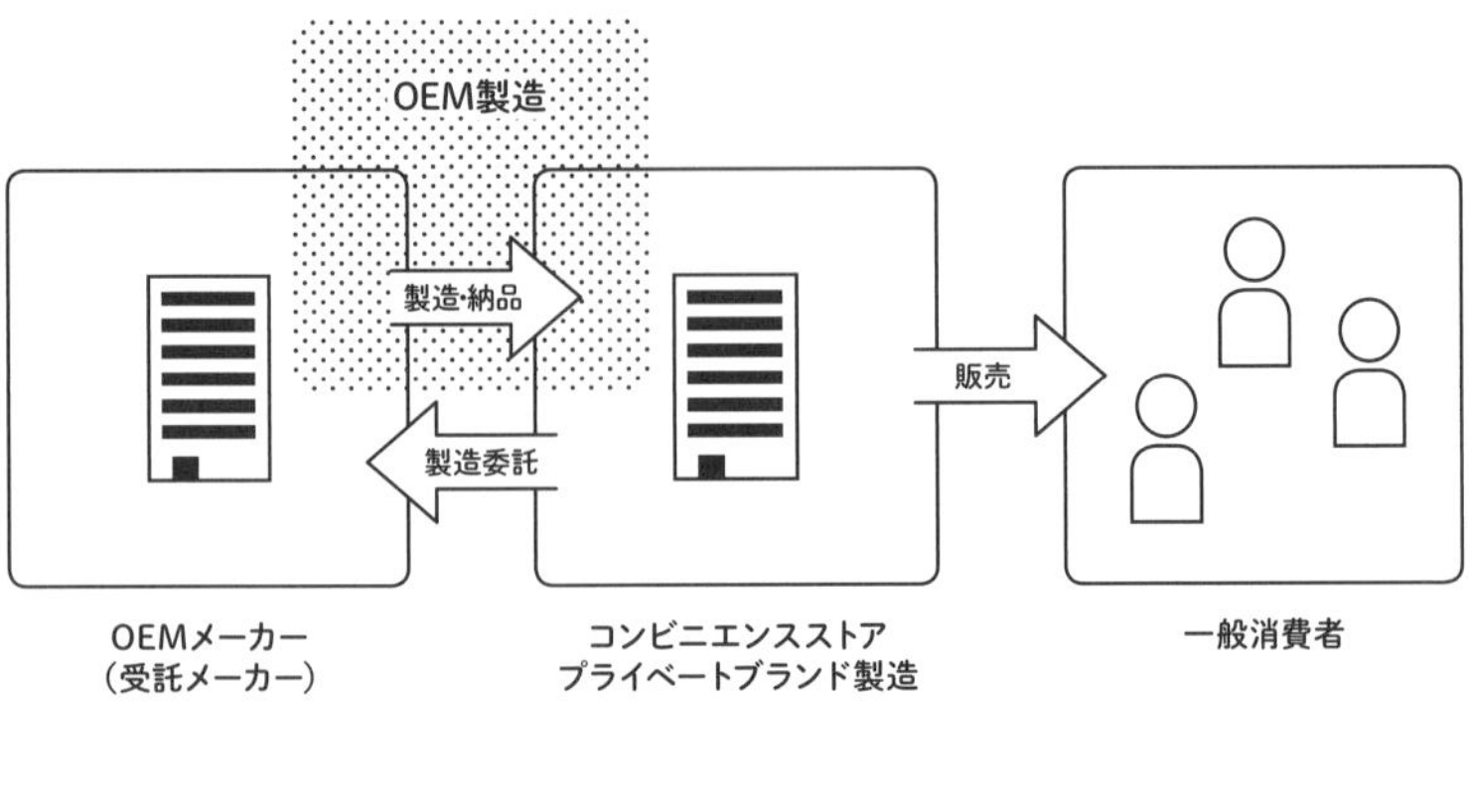

前でつくるときと比べて、最小限の資金で済みます。また、実力のある委託先を選べば、自社で生産するよりも、良質な製品がつくれ、複数の企業の受注を行っているOEMメーカーであれば大量の部品購入によるコスト削減も可能です。一方でOEMメーカーがノウハウを蓄積して低価格ブランド・メーカーとして参入し、競合になるリスクがあります。

一方、OEMメーカーにとっては、「委託元の強力なブランドを利用することで、自社の営業力が弱くても、商品が売れる」「工場の稼働率が上がる」「委託元から指導を受けることで、技術水準が上がる」というメリットがあります。ただし、自社ブランドで売るときと比べると、利益率は低くなります。一方で、委託元はよりよい条件を求めて他のサプライヤーにも発注するようになる傾向があります。

ポイント

OEMは委託元、委託先にメリットとリスクがあります。十分に精査してから取り入れましょう。

OEMメーカーが、生産だけでなく、製品の設計やデザインまで担当する場合は、ODM（Original Design Manufacturing）といいます。

65 規模の経済

生産戦略

Economies of Scale

生産量を増やすほど製品コストが下がること

「規模の経済」は、製品の生産量を増やすことで製品1単位あたりのコストが減ることで、「規模の効果」「スケールメリット」ともいわれます。鉄鋼、石油化学産業などの重厚長大産業や開発費がコストの大半を占めるソフトウエア産業などにあてはまります。

なぜ1単位あたりのコストが減らせるかですが、ひとつには、生産量が増えるほど、固定費が分散できるからです。

企業が製品を生産するときのコストには、固定費と変動費があります。

原材料費のような変動費は生産量に比例して増えますが、人件費や地代家賃などの固定費は、生産量に関係なく一定です。このため、生産量が増えれば増えるほど、1商品あたりの原価に占める固定費の割合は少なくなるわけです。

規模の経済

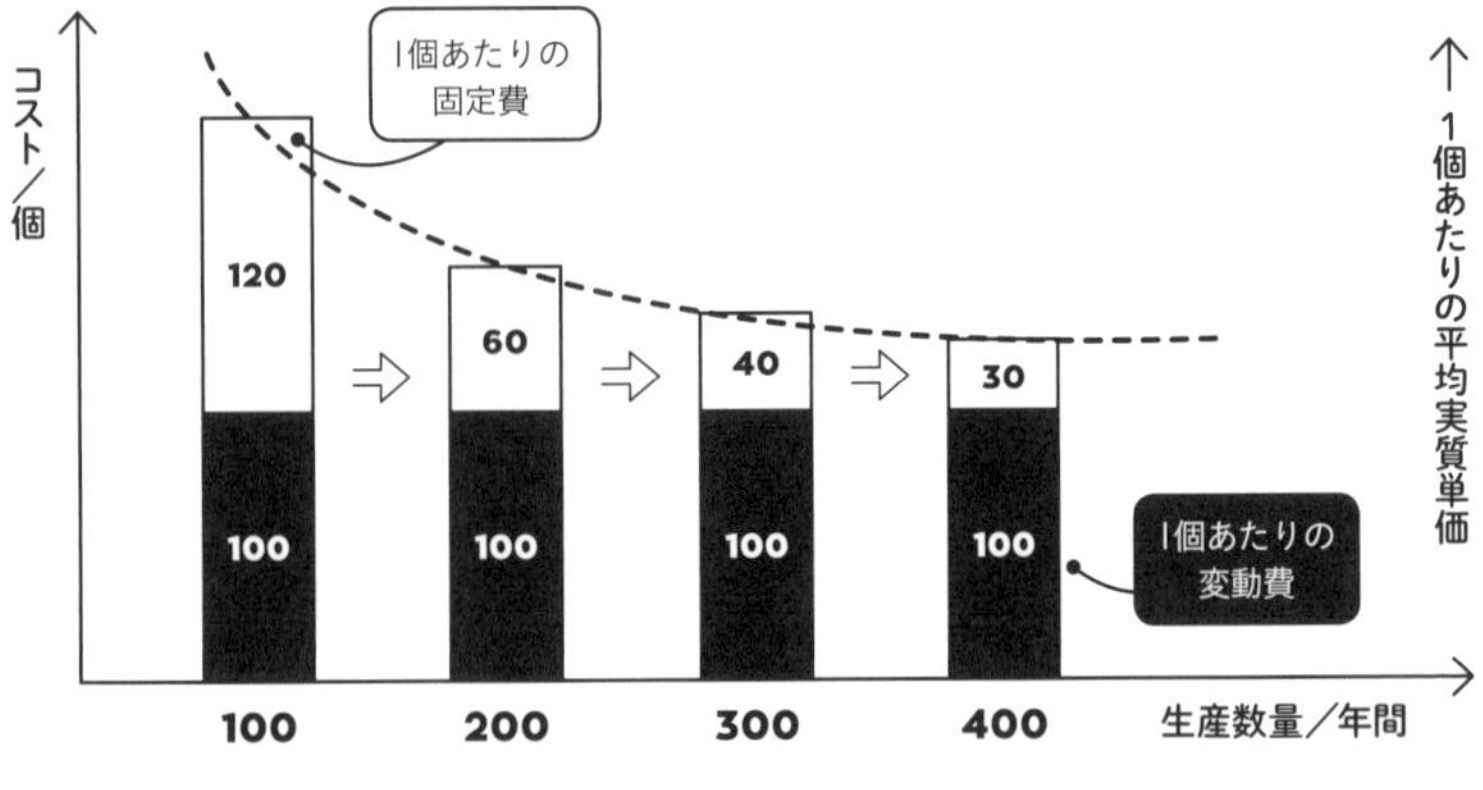

実際には、原材料費に関しても、生産量が増えると下げることができます。「たくさん買うから安くしてほしい」と交渉できるようになり、安く原材料を仕入れられるようになるからです。

また、大量生産をすれば、生産効率を高めるための設備や技術に投資をしても元が取れるので、積極的に投資を行うことでさらにコストは下がっていきます。ただし、新たな大規模工場などの設備投資が必要になれば固定費がかかることに注意が必要です。

「規模の経済」はある時点での生産量に対して、単位あたりの固定費が低減することを意味します。

一方、「**経験効果67**」と**範囲の経済66**はまったく異なる概念ですので、注意が必要です。

ポイント

「規模の経済」は、「範囲の経済」や経験効果と混同しがちなので注意しましょう。

ブランド品などの労働集約的な製品や多品種少量生産の製品、稼働率の方が規模よりも収益上重要となるホテルや航空会社などにはあてはまらない場合が多いといえます。

66 範囲の経済 Economy of Scope

生産戦略

複数製品を生産・販売し収益を拡大

前項の「**規模の経済**65」と名前が似ていて、よく混同されるのが、「**範囲の経済**」です。「範囲の経済」は、共通の生産設備などにおいて、複数の製品・サービスを生産・販売することで、ひとつの製品・サービスを個別に生産・販売するよりも、製品1単位あたりのコストを減らすとともに収益を拡大することです。

たとえばキユーピーはマヨネーズを生産するときに大量に発生し、廃棄していた卵殻に着目し、栄養機能食品やチョークの原料に再利用することで、廃棄コストと原材料コストの双方を削減しながら、新たな製品をつくることに成功しました。また、カルピスは、カルピスの研究を通して発見した乳酸菌を使って、健康食品をつくり出すことで、新製品の開発コストを抑えることができました。

範囲の経済

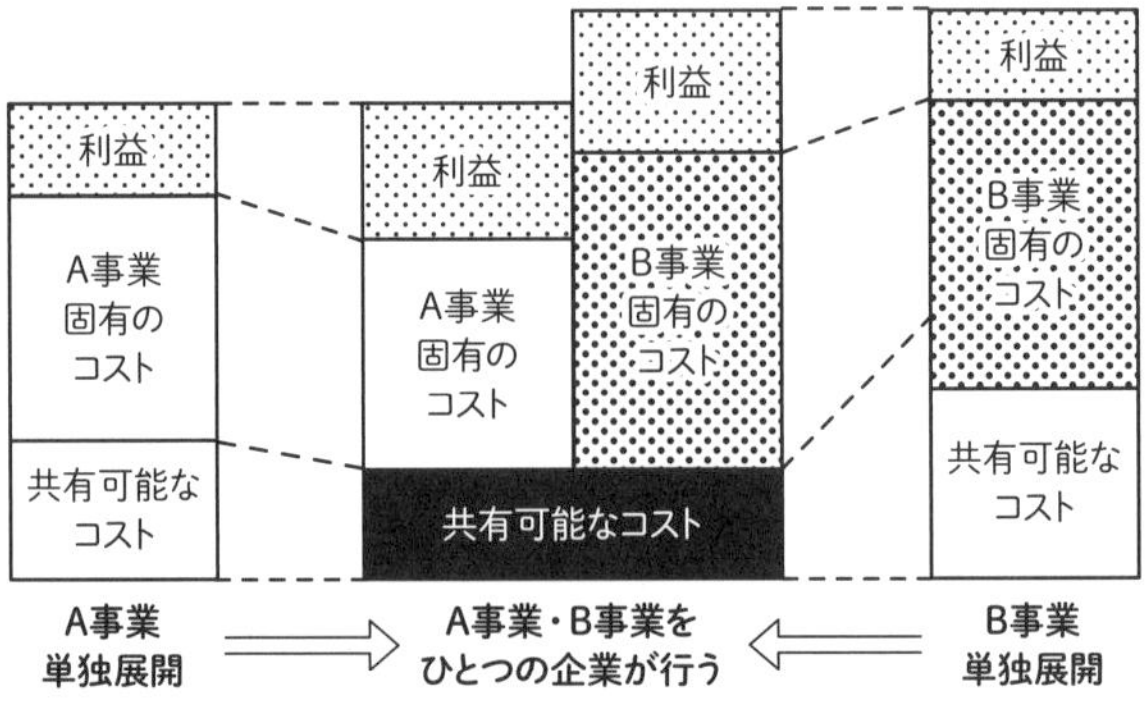

アマゾンは本のインターネット販売からスタートしましたが次第に服や家電などさまざまな商品を同じシステムや倉庫を使いながら売ることで事業を拡大しています。

第4章で**多角化戦略**㉓について取り上げましたが、多角化をするときには、自社のバリューチェーンや顧客層をよく検討した上で本当に「範囲の経済」が効くかどうかを吟味することが大切です。

ただ、複数の製品やサービスを取り扱えば、必ず「範囲の経済」が期待できるとは限りません。たとえば、食品販売店の棚が空いていたからといって、まるで関係ないスポーツ用品を売り始めても、売上アップは期待できず、仕入れるだけムダでしょう。同様に、技術の転用がまったく効かない分野の製品を製造しても、余計なコストがかかるだけです。

ポイント

商品数が増えることでかえってコストが増加してしまうリスクもあるので注意が必要です。

コストを共有することでコストが下がり、収益が拡大します。

67 生産戦略

BCGの経験効果

Experience Effect

価格戦略に役立つカーブ

「**経験効果**」とは、1960年代にBCGが多くの製品のコストを調べて累積生産量と単位あたりのコストの間に一定の相関があることを経験則として発見したものです。「**経験曲線**」(Experience Curve) は、この現象をグラフ化したものです。

この現象は、第二次大戦中に航空機の組み立て作業において発見されました。一般に累積生産量が2倍になると、コストが20～30%減るとされています。

コストが下がるのは新技術の採用、学習、専門化、規模などいくつもの要因があるとされています。つまり大量生産により、作業員の経験値が上がって作業能率が上がりますし、最適な製造手順・生産工程も見つけ出せるようになります。

この経験効果を前提に置くと、自社ならびに競合の価格戦略がわかります。たとえば、新製品を市場に投入するときに、

経験曲線：コストと累積生産量の関係

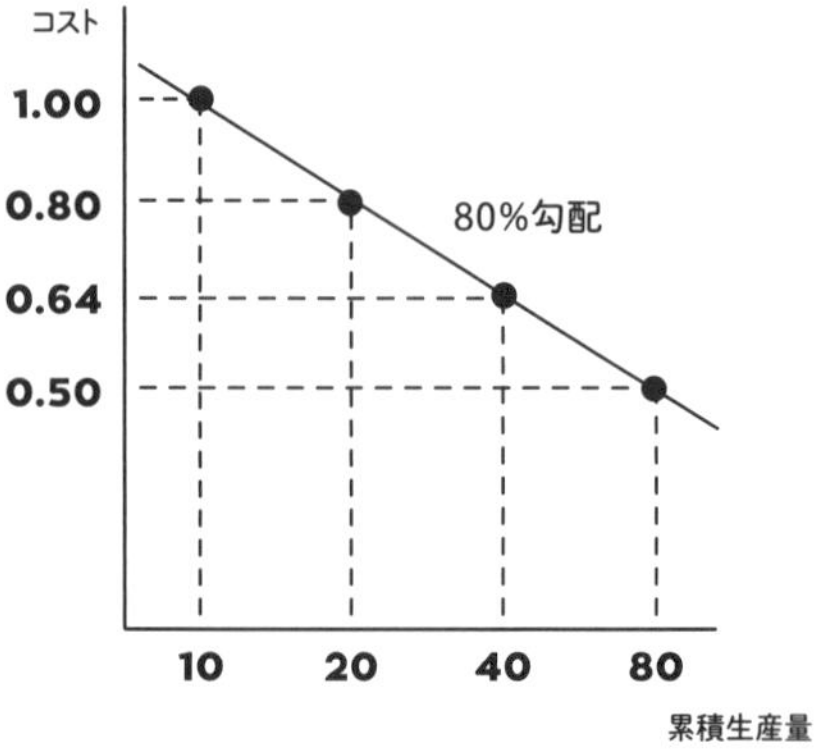

いずれコストが下がることを見込めば、はじめから価格を下げてシェアを確保したほうが、長い目で見て利益を稼げるというわけです。アメリカが日本企業の製品が不当に安いのでダンピングだと提訴した時代がありましたが、実は日本企業は経験曲線に基づいて戦略的に低く価格設定をしていたのです。

また、競合がどのくらいのコストで生産しているのかも推定できます。

大きなシェアを奪うことは大量生産を意味するため、経験はどんどん蓄積されていき、さらに生産コストは下がっていきます。すると、トップとそれ以外の企業のコスト差はどんどん開いていきます。言い換えれば、経験効果で一度差がついてしまうと、逆転するのは非常に難しいというわけです。

ポイント

あくまでも「累積生産量」であって、「規模の経済」とはまったく異なる概念であることに注意が必要です。

経験効果が働くのは製造業などで確認されていますが、IT業界などにはあてはまらない場合もあるので注意が必要です。

Question 05

小説『ザ・ゴール』で有名になったTOC（制約理論）は＿＿＿＿＿＿＿＿の略。

Question 06

ゴールドラット博士によれば、キャッシュフローを生むには、次の3つの条件を満たすことが必要。①＿＿＿＿＿＿を増大させる、②＿＿＿＿（＝流動資産－流動負債）を低減させる、③＿＿を低減させる。

Question 07

一人もしくは少人数の作業員が複数の工程を担当する手法を＿＿＿＿＿＿という。

Question 08

リスクを抑える生産手法であるOEMとは、＿＿＿＿＿＿＿＿＿＿＿＿＿の略。

Question 09

製品の設計やデザインまで担当する場合は、＿＿＿＿＿＿＿＿＿＿＿＿＿＿＿＿という。

Question 10

規模の経済は、製品の＿＿＿を増やすことで製品1単位あたりの＿＿＿が減ること。

Question 11

範囲の経済は、複数の製品・サービスを生産・販売することで、ひとつの製品・サービスを個別に生産・販売するよりも、製品1単位あたりの＿＿＿を減らすとともに＿＿＿＿＿すること。

Question 12

累積生産量と単位あたりコストの間に一定の相関があることを、＿＿＿＿と呼ぶ。

Examination

Part 6-2

「機能別戦略」テスト②

定番から最新のものまで、生産戦略の歴史を学ぼう！

第6章のテーマは機能別戦略です。企業にはさまざまな組織を横断する機能があり、それらの機能別に戦略を考える必要があります。3番目に取り上げるのは生産戦略。それでは「おさらい」してみましょう。

＊設問の答えは219ページに掲載しています

Question 01

トヨタ自動車の大野耐一氏が編み出したのは、__________。

Question 02

かんばん方式のコンセプトである「必要なものを、必要なときに、必要なだけ」を英語で「__________ __________」という。

Question 03

BTOとは__________の略で、パソコンなどのメーカーで採用されている__________の一種。

Question 04

開発から始まり、製造、販売に至るまでの、消費者に商品やサービスを届けるまでの一連のプロセスのことを__________と呼ぶ。

68 M&A戦略

組織戦略

Merger and Acquisition Strategy

企業の合併と買収の戦略

M&A（**Merger and Acquisition**）は、「合併と買収」の略語。**合併**、**株式交換**、**株式買収**、**資産買収**、**公開買付**（TOB＝**Take-over Bid**）、**レバレッジ・バイ・アウト**（LBO＝**Leveraged Buy Out**）などの方法があります。

M&Aは、有能な人材やブランド、工場、技術、店舗、競合シェアを奪うため、他地域への進出、販路の確保、供給網の確保などを目的として行う「時間を買う戦略」といえるでしょう。

特に最近は、日本の市場が縮小する中でグローバル化のために海外企業とのM&Aは増加しています。ソフトバンクによるアメリカの通信会社スプリント・ネクステル・コーポレーションの買収など、大型化が進んでいます。

しかし多くの事例は失敗に終わっているのも事実です。

M&Aの形態

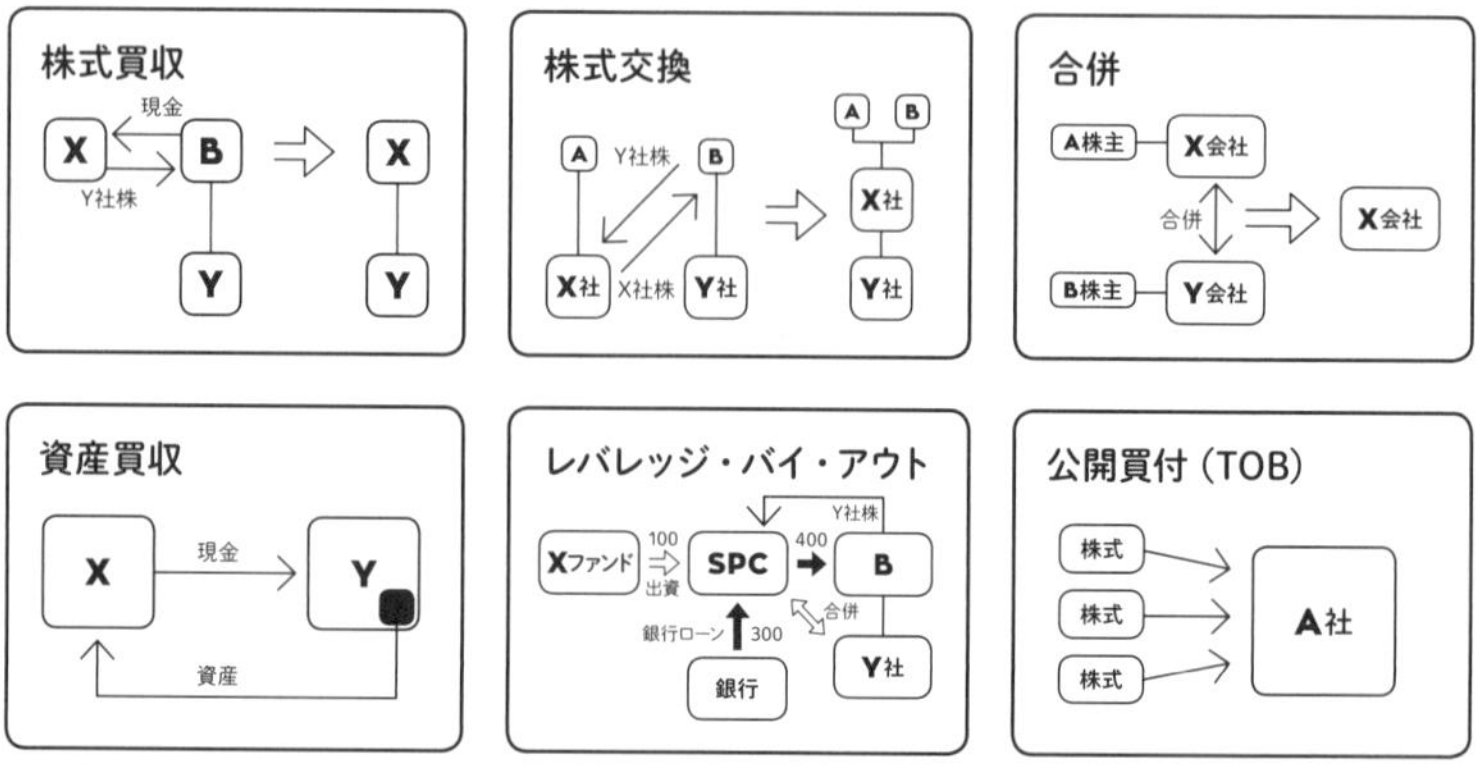

SPCは特別目的会社（Special Purpose Conpany）のこと

失敗の原因にはさまざまな要因が考えられます。大切なことはトップマネジメントのコミットメントがあり明確な戦略とビジョンを持つこと、あらかじめターゲットとなる企業を選定した上で時間をかけて事前調査しておくこと、買収や合併後の統合（ポスト・マージャー・インテグレーション、ＰＭＩ＝Post Merger Integration）の具体的な施策を買収前に構築しておくことなどが重要です。特に企業は「ヒト」が大切なのでいかにモチベーションを上げていけるかという人事政策まで事前に策定しておくことが肝要でしょう。

また、日本では高度成長期を支えた中小企業の創業社長が高齢化しつつあるため、近年後継者不足が顕著になっています。そのため、事業承継を目的とした企業買収、Ｍ＆Ａが急増しつつあります。

ポイント

Ｍ＆Ａの50％は失敗しているという研究結果もあり、リスクのある戦略ですが、成功すれば成果も大きいです。

M&Aの場合には簿外債務なども引き受けるため、入念にデューディリジェンス（DD=Due diligence）を行う必要があります。

69
組織戦略

アライアンスとジョイント・ベンチャー（JV）

Alliance & Joint Venture

他企業と提携し、仲間をつくる

アライアンスは、複数の企業が、互いにメリットを得るために、対等な立場で提携を行うことです。技術提携、共同開発、販売委託などさまざまです。契約のみで提携する場合や共同で出資を行う**ジョイント・ベンチャー**形式などさまざまあります。

M&Aとの大きな違いは、ある分野において契約などで提携をすることができますから比較的迅速にお互いのメリットを生み出すことができます。しかし逆に言えば契約を解消することも容易にできるためゆるやかな関係です。買収などの前にアライアンスを行うことで双方の企業文化を知るために人の交流を行うこともあります。

M&Aとアライアンスの間をとって、2つ以上の企業が資金を出し合って、共同で「合弁企業（ジョイント・ベンチャ

M&Aとアライアンスの違い

M&A	アライアンス
時間・資金を要する	時間・資金はそれほど要さない
法的手続きが複雑	法的手続きが容易
スピーディーな意思決定が可能	意思決定に時間がかかる場合がある
組織文化の摩擦が致命的な問題となりやすい	組織文化の摩擦はM&Aほど致命的ではない
解消が困難	解消が容易
技術やノウハウは外部に出ない	関係が解消されることで、 技術やノウハウが流出することがある

ー）」を設立することもあります。M&A、アライアンス、合弁企業、どの方法がベストかは、企業の戦略によりますのでまずはどのような戦略でいくのかを事前にしっかりと構築することが大切です。

アライアンスは資本関係を結ぶ関係に比較してゆるやかであるがゆえに、思うように連携がとれないこともあり、また、提携を解消したときに、技術やノウハウが流出するリスクもありますので契約などでしっかりと事前に保護することが必要です。

ジョイント・ベンチャーでも出資元の会社からのコミットメントをしっかりと受けられるような仕組みを構築しないと、いつの間にか孤立して失敗することが多いので注意が必要です。

ポイント

2社でJVをする際に50%・50%で出資する場合は、責任の所在が不明確になるリスクがあります。

出資比率が少ないと、経営をコントロールできないため失敗する実例もあります。

組織戦略

70 垂直統合と水平統合

Vertical Integration & Horizontal Integration

事業領域の拡大戦略

同じ業種同士でM&Aやアライアンスをするときには2つの種類が考えられます。「**垂直統合**」と「**水平統合**」です。「垂直統合」は、自社の川上や川下にいる会社とM&A、あるいはアライアンスをすることで、事業領域を広げていくことです。たとえば、完成品メーカーならば、仕入先の原材料メーカーと組んだり（川上統合）、販売店と組んだり（川下統合）します。

「垂直統合」をすると、単体では得られなかったメリットが生まれます。垂直統合の典型は、携帯電話業界です。NTTドコモやKDDI、ソフトバンクのいずれも、通信網の提供から端末の販売、コンテンツの提供までを、1社で行っています。しかし、近年はグーグルやアップルなどの他のプレーヤーがプラットフォーマーとして垂直統合を崩す動きを見せ

パソコンメーカーにおける垂直統合と水平統合の例

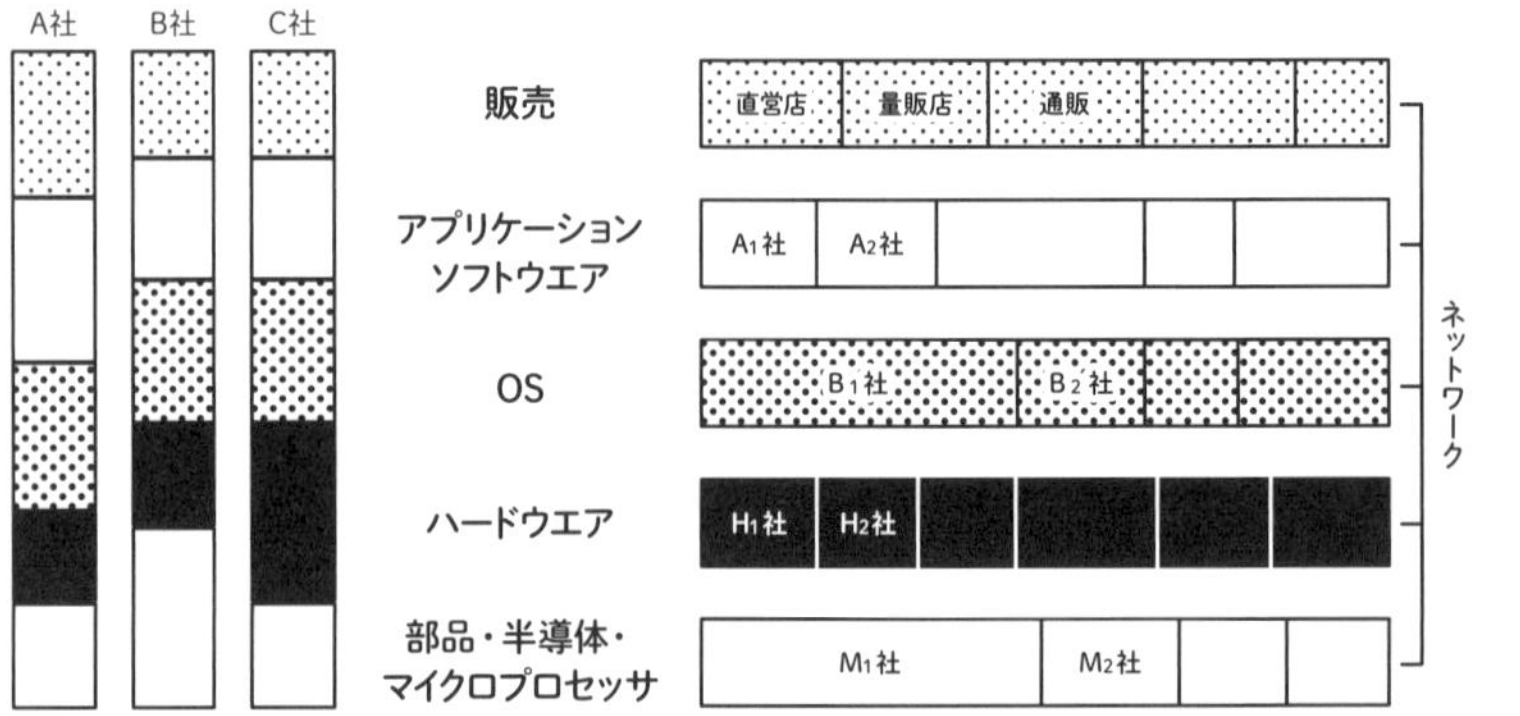

ています。

一方、「水平統合」は、同じ事業領域の会社と合併することで、事業規模を拡大することです。

規模の経済65や新たな市場や顧客の獲得を目的としていることが多いでしょう。最近は海外の同業他社と合併するケースも増えています。

ちなみに、「水平統合」に似た言葉で「水平分業」がありますが、こちらは、自社の**バリューチェーン**41の中で、その一部を外部に委託し、自社が得意とする付加価値を生み出せる部分だけに集中することです。たとえば、製造や組み立ての部分を外注し、得意な商品の企画開発の部分だけに集中するファブレス型（「工場を持たない」という意味）のメーカーも増えてきています。

ポイント

自社の経営戦略を明確にしてから行うことや提携後にどのようにシナジーが出せるかを事前に検討することが大切です。

垂直統合の成功例としては、製造から小売りまですべて行う人気アパレルブランドのZARAやユニクロなどがあります。

71

財務戦略

企業価値とEVA

Enterprise Value & Economic Value Added

会社の値段を評価する方法

「**企業価値**」とは文字通りその会社の持つ価値のことで、自社の経営を管理する指標としても、**M&A**68を検討するときに買収候補の企業の価格を測る指標としても重要な概念です。

「企業価値」の算定方法（**バリュエーション**73）には、DCF法、類似会社比較方式、類似案件比較方式、純資産方式などさまざまなものがありますが、実務ではそれらを組み合わせて決めます。DCF法は「その企業が企業活動によってどのぐらい将来キャッシュフローを生み出すかの現在価値」を求める方式で最も一般的に使われます。

企業が自社の業績評価をするときに使われるのが、**EVA**（**経済付加価値**）です。これは、アメリカのコンサルティング会社スターン・スチュワート社が登録商標を持つ経営指標です。EVAとは資本コストを上回る税引後営業利益（NO

EVA（n年度）の計算式

EVA=NOPAT（税引後営業利益）－資本コスト

=NOPAT（税引後営業利益）－投下資産×wacc

$EVA_n = NOPAT_n - capital_n \times c^*$

$NOPAT_n$（Net Operating Profit After tax）：n年度の営業利益×（1－税率）

$capital_n$：n年度の期初のネット資産に投下されたキャッシュの総額

c^*：資本コスト（wacc）

単年度の税引後営業利益から資本コストの実額（過去の投下総資本×加重平均資本コスト）を差し引いて、算出する

PAT）を生み出すことがすなわち企業価値の増加であるとする指標で他の指標よりも本当に利益が出ているかどうかがわかるとされ、単年度の業績評価や設備投資などの意思決定時の評価にも採用されます。なおEVAの現在価値合計とDCF法による企業価値は等価になります。アメリカのコカ・コーラが導入して企業価値を高めたことで知られましたが日本でも花王、キリンビール、ソニーなどの大手企業が導入しました。

しかしながら新規事業への投資よりもすでに利益が出ている既存事業への投資が優先されてしまう弊害が指摘されています。たとえばソニーがブラウン管テレビで利益を上げていたために、新技術のテレビ開発への参入が遅れてしまったケースが有名です。

ポイント

企業価値はDCF法など複数の手法を組み合わせて決めていきます。

製品のライフサイクルが短い事業の場合に、企業価値を測るには注意が必要です。

財務戦略

72 コーポレート・ファイナンス

Corporate Finance

企業の財務活動を支える戦略

コーポレート・ファイナンスとは、企業の財務活動全般を指す場合と、その中でも特に、資金を提供する投資理論と事業の資金調達を行うための企業金融理論を指す場合があります。

　コーポレート・ファイナンスについては、企業価値最大化のための財務手段を学ぶことで、企業価値を求めるための理論や手法、資金調達方法とその調達コストにかかわる理論や手法が骨格となります。企業の財務活動には、「**投資行動**」「**資本調達**」「**配当政策**」の3つの領域があります。

「**投資行動**」は、新規事業を始めたり、**M&A**[68]をしたりといった、企業価値を高めるための投資をすることです。

「**資本調達**」は、事業活動に必要な資金を調達することです。大きく分けて、株式を発行し株主に購入してもらう「株主資

コーポレート・ファイナンスの3つの種類

①	②	③
投資行動 Investment Activities	資本調達 Fundraising	配当政策 Dividend Policy

本による調達」と、銀行からの借り入れや社債などの「負債による調達」の2種類があります。

「**配当政策**」とは、企業が上げた純利益をどの程度株主に対して還元し、どの程度を内部留保して事業への再投資に回すかを決めることです。

これらの3つの財務活動のどれが欠けても、企業価値を最大に高めることはできません。なお、コーポレート・ファイナンスは**プロジェクト・ファイナンス**（Project Finance）、あるいは**PFI**（Private Finance Initiative）と対比して使われることもあります。プロジェクト・ファイナンスとは、発電所などのキャッシュフローのみから返済を行うもので、PFIは従来公共機関が運営していた病院、刑務所、水道事業を民間が行う事業を指します。

ポイント

投資行動、資本調達、配当政策の3つのバランスをとることが企業価値を高めるために必要です。

黒字でも企業は倒産することがあります。資金繰りが特に大切です。

73 バリュエーション

Valuation

財務戦略

企業の価値を評価する

買収などでの株価の算定を行う際には、通常①～⑤のような株価算定方式を複数組み合わせて検討します。これらの方式により算出された株価の範囲が妥当と考えられます。

①DCF（**Discounted Cash Flow**）**法**：DCF法とは、事業が生み出す将来のフリーキャッシュフローを予測して、それをある一定の割引率で割り引いて現在価値を求める手法で最も一般的に利用されます。

②類似会社比較方式（**Comparable Company Multiple**）：PER（株価収益倍率）は、株価を1株あたり当期純利益で割った値。当期純利益の代わりにEBITDA（利払前、税引前、償却前利益）を使用する方が各国の税制に左右されにくく好ましいとされますが減価償却費などを恣意的に操作されるリスクもあります。

バリュエーションの種類

①	DCF（Discounted Cash Flow）法
②	類似会社比較方式 （Comparable Company Multiple）
③	類似案件比較方式 （Comparable Transaction Multiple）
④	純資産方式 （Net Asset Approach）
⑤	その他 （Others）

③類似案件比較方式（**Comparable Transaction Multiple**）：同業などの実際の事例を基に算出する方法ですが公開データが限られていたり、厳密に同じ事業ではないことも多かったりするので参考として利用されることが多いです。

④純資産方式（**Net Asset Approach**）：純資産方式は、資産と負債の差額である純資産で株価を計算する方法です。帳簿価額に基づいた簿価純資産法と時価を用いる修正純資産法があります。非上場会社や金融業など資産負債が大きい場合に利用されることがあります。

バブルの頃は株価が高騰して理論的に説明できない状態になったことがあります。その頃はＰＳＲ（**Price Sales Ratio**）という売上の倍率を株価にする手法もはやりました。まったく根拠もなくその後株価は大きく下落していきました。

ポイント

合理的な株価はこれらの方式によって算定されますが、最終的には買収交渉によって決定されます。

バリュエーションは第２弾の『カール教授のビジネス集中講義　ビジネスモデル構築（仮）』でくわしく説明します。

Question 05

__________________は、2つ以上の企業が資金を出し合って、共同で企業を設立すること。

Question 06

_______は、自社の川上や川下にいる会社とM&A、あるいはアライアンスをすること。

Question 07

_______は、同じ事業領域の会社と合併することで、事業規模を拡大すること。_______は自社のバリューチェーンの一部を外部に委託し、自社が得意とする付加価値を生み出せる部分だけに集中すること。

Question 08

企業価値の算定方法には、_________、________________、_________________、_____などがある。

Question 09

企業が自社の業績評価をするときに使われるのが、EVA（______________________________）。

Question 10

企業の財務活動には、_______、_______、________の3つの領域がある。

Question 11

コーポレート・ファイナンスとは、企業の____活動全般を指す場合と、その中でも特に、資金を提供する____理論と事業のための資金調達を行うための_______理論を指す場合がある。

Question 12

買収などで、企業の株価の算定を行うことを_______________と呼ぶ。

Examination

Part 6-3

「機能別戦略」テスト③

最後に組織戦略と財務戦略を知ろう！

第6章のテーマは機能別戦略です。企業にはさまざまな組織を横断する機能があり、それらの機能別に戦略を考える必要があります。最後に組織戦略と財務戦略を「おさらい」してみましょう。

＊設問の答えは220ページに掲載しています

Question 01

M&Aは＿＿＿＿＿＿＿＿＿＿の略で、企業の＿＿＿と＿＿＿のこと。

Question 02

M&Aには＿＿＿、＿＿＿＿＿、＿＿＿＿＿、＿＿＿＿＿、＿＿＿＿＿＿＿、＿＿＿＿＿＿＿＿＿＿＿＿などの手法がある。

Question 03

買収や合併後の統合をPMI（＿＿＿＿＿＿＿＿＿＿＿＿＿＿＿＿＿＿＿＿）という。

Question 04

技術提携、共同開発、販売委託など、複数の企業が、互いにメリットを得るために、対等な立場で提携を行うことを＿＿＿＿＿＿と呼ぶ。

Answer
Part 6-1

Question 01	□	STPとは**セグメンテーション（Segmentation）**、**ターゲティング（Targeting）**、**ポジショニング（Positioning）**が一体となったプロセス。
Question 02	□	マーケティングで重要なことは、**4P**の前に**STP**を検討すること。
Question 03	□	マーケティングの4Pとは、**製品（Product）**、**価格（Price）**、**流通（Place）**、**プロモーション（Promotion）**のこと。
Question 04	□	製品ライフサイクルとは、すべての製品や市場には**誕生**から**衰退**に至るサイクルがある、という考え方。
Question 05	□	4Cの要素は、**顧客ソリューション（Customer Solution）**、**顧客コスト（Customer Cost）**、**利便性（Convenience）**、**コミュニケーション（Communication）**。
Question 06	□	IoTとは、Internet of Thingsの略。「**モノ**のインターネット」と呼ばれる。
Question 07	□	クラウドの名付け親は**グーグル**の元CEO**エリック・シュミット**といわれている。
Question 08	□	クラウド・サービスとは、データをインターネット上に**保存**するサービス。企業向けクラウド・サービスには、**SaaS（サーズ）**、**PaaS（パーズ）**、**HaaS・IaaS（ハース・アイアス）**の３つがある。
Question 09	□	オムニチャネル戦略とは、**リアル**と**ネット**を融合させるもの。
Question 10	□	実店舗とオンラインの店舗を融合して販売やマーケティングに生かす取り組みを**O2O**という。
Question 11	□	**破壊的**技術が主要市場までも侵食し、**持続的**技術を駆逐することを「破壊的イノベーション」と呼ぶ。
Question 12	□	「標準化」には**デジュリスタンダード**と**デファクトスタンダード**がある。

Answer
Part 6-2

Question 01	□	トヨタ自動車の大野耐一氏が編み出したのは、**かんばん方式**。
Question 02	□	かんばん方式のコンセプトである「必要なものを、必要なときに、必要なだけ」を英語で「**ジャスト・イン・タイム**」という。
Question 03	□	BTOとは**Build To Order**の略で、パソコンなどのメーカーで採用されている**受注生産**の一種。
Question 04	□	開発から始まり、製造、販売に至るまでの、消費者に商品やサービスを届けるまでの一連のプロセスのことを**サプライチェーン**と呼ぶ。
Question 05	□	小説『ザ・ゴール』で有名になったTCO（制約理論）は**Theory of Constraint**の略。
Question 06	□	ゴールドラット博士によれば、キャッシュフローを生むには、次の３つの条件を満たすことが必要。①**スループット**を増大させる、②**運転資本**（＝流動資産ー流動負債）を低減させる、③**経費**を低減させる。
Question 07	□	一人もしくは少人数の作業員が複数の工程を担当する手法を**セル生産方式**という。
Question 08	□	リスクを抑える生産手法であるOEMとは、**Original Equipment Manufacturing**の略。
Question 09	□	製品の設計やデザインまで担当する場合は、**ODM（Original Design Manufacturing）**という。
Question 10	□	規模の経済は、製品の**生産量**を増やすことで製品1単位あたりの**コスト**が減ること。
Question 11	□	範囲の経済は、複数の製品・サービスを生産・販売することで、ひとつの製品・サービスを個別に生産・販売するよりも、製品1単位あたりの**コスト**を減らすとともに**収益を拡大**すること。
Question 12	□	累積生産量と単位あたりのコストの間に一定の相関があることを、**経験効果**と呼ぶ。

Answer Part.6-3

Question 01	□	M&AはMerger and Acquisitionの略で、企業の**合併**と**買収**のこと。
Question 02	□	M&Aには**合併**、**株式交換**、**株式買収**、**資産買収**、**公開買付**（TOB）、**レバレッジ・バイ・アウト**（LBO）などの手法がある。
Question 03	□	買収や合併後の統合をPMI（**ポスト・マージャー・インテグレーション**）という。
Question 04	□	技術提携、共同開発、販売委託など、複数の企業が、互いにメリットを得るために、対等な立場で提携を行うことを**アライアンス**と呼ぶ。
Question 05	□	**ジョイント・ベンチャー**は、2つ以上の企業が資金を出し合って、共同で企業を設立すること。
Question 06	□	**垂直統合**は、自社の川上や川下にいる会社とM&A、あるいはアライアンスをすること。
Question 07	□	**水平統合**は、同じ事業領域の会社と合併することで、事業規模を拡大すること。**水平分業**は自社のバリューチェーンの一部を外部に委託し、自社が得意とする付加価値を生み出せる部分だけに集中すること。
Question 08	□	企業価値の算定方法には、**純資産方式**、**類似会社比較方式**、**類似案件比較方式**、**DCF法**などがある。
Question 09	□	企業が自社の業績評価をするときに使われるのが、EVA（**経済付加価値、Economic Value Added**）。
Question 10	□	企業の財務活動には、**投資行動**、**資本調達**、**配当政策**の3つの領域がある。
Question 11	□	コーポレート・ファイナンスとは、企業の**財務**活動全般を指す場合と、その中でも特に、資金を提供する**投資**理論と事業のための資金調達を行うための**企業金融**理論を指す場合がある。
Question 12	□	買収などで、企業の株価の算定を行うことを**バリュエーション**と呼ぶ。

Part 7

Implement Strategy

第7章 戦略実行

これまでさまざまな戦略を見てきましたが、実行していく際にはどのようにすればよいのか。本章では戦略を実行する際に必要な理論などを紹介します。

74

組織は戦略に従う

Strategy and Structure

組織づくりは、戦略に応じて決めていく

「組織は戦略に従う」は、ハーバード・ビジネス・スクールのアルフレッド・D・チャンドラー・ジュニア名誉教授の著書の日本語版のタイトルとして有名です（原著名は『ストラテジー・アンド、ストラクチャー』）。

その意味するところは、「戦略に応じて組織も決まる」ということ。

たとえば、化学メーカーのデュポンは、第一次世界大戦後、多角化戦略をとったときに、大規模な組織変更をしました。それまでは、「生産」や「購買」などの職能で部門が分かれていて、経営者がすべてを統括する中央集権型組織だったのですが、戦争特需がなくなった後には製品別に事業部を置く「事業部制」へと変更したのです。

デュポンに限らず、ＧＭ（ゼネラル・モーターース）やスタ

組織は一度つくられるとなかなか変えられないため、組織が自らの存続を図るために、戦略と異なる行動をとるリスクがあります。

ンダード石油ニュージャージー、シアーズ・ローバックなどの企業も同様に戦略に応じて組織を変更したことから、「戦略に応じて組織が決まる」といわれるようになりました。

しかし、誤解されやすい点ですが、チャンドラー教授は「組織によって、戦略が決まることもある」とも述べています。たとえば、事業部制を導入することで、企業の経営陣は過重な負担から解放され、多角化や海外進出に積極的になるというのです。

つまり、戦略と組織は相互に影響し合うというわけですね。組織はすぐに変更がしにくい点にも注意が必要です。

また、戦略や組織は市場や環境の変化に強く左右されるものであり、それらを無視して語ることはできない、とも指摘しています。

ポイント

チャンドラー教授によれば、戦略と組織は相互に、そして密接に関係しているのです。

Book

組織は戦略に従う
いまの日本企業こそ読むべき
先駆的経営書の
古典である

『組織は戦略に従う』
アルフレッド・D・チャンドラーJr.著
GM、デュポン、シアーズなど、1920年代の巨大企業をケーススタディで学ぶ。

事業部制を導入することによって、会社全体の戦略から外れてしまう危険があるので、再び中央集権型組織に戻す事例も出ています。

75 マッキンゼーの7S

McKinsey's 7S Framework

自社の状況を把握するフレームワーク

7Sは経営コンサルティング会社のマッキンゼーが提唱した、自社の内部状況を分析するためのフレームワークです。優れた企業では、これら7つの要素が相互に補完することで戦略の実行を実現しています。

7Sの要素は、3つの「ハードのS」と、4つの「ソフトのS」があります。

ハードのSは、**戦略**（Strategy）、**組織**（Structure）、**社内のシステム・制度**（System）です。ソフトのSは、**共通の価値観・理念**（Shared Value）、**経営スタイル・社風**（Style）、**人材**（Staff）、**スキル**（Skill）です。

具体的には以下になります。

▼戦略（Strategy）：持続的に競争優位を保てる源泉は何か

▼組織（Structure）：組織形態はどうあるべきか、権限をどう分

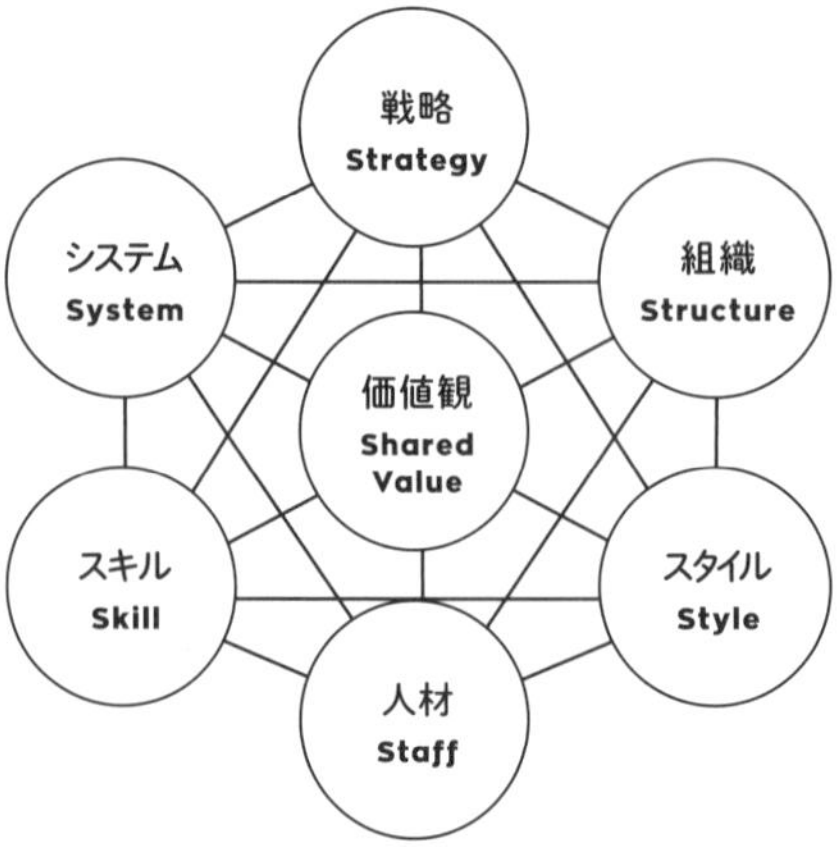

ハードの3S

戦略（Strategy）：
持続的に競争優位を保てる源泉

組織（Structure）：あるべき組織形態・権限

社内のシステム・制度（System）：
経営管理システムや人事制度

ソフトの4S

共通の価値観・理念（Shared Value）：
従業員が同一の価値観を共有

経営スタイル・社風（Style）：
トップの意思決定、
従業員の行動・発想のスタイル

人材（Staff）：採用と育成

スキル（Skill）：戦略遂行に必要なスキル

けるか

▼社内のシステム・制度（System）：経営管理システムや人事制度などはどうなっているか

▼共通の価値観・理念（Shared Value）：従業員が同じ価値観を共有しているか

▼経営スタイル・社風（Style）：トップの意思決定のスタイルや、従業員の行動・発想のスタイルはどのようなものか

▼人材（Staff）：どの部門に強いリーダーがいるか、採用と育成はどのように行っているか

▼スキル（Skill）：戦略遂行に必要なスキルを持っているか

ハードのSは比較的変更は容易ですが、ソフトのSはどれも簡単には変わりません。優れた企業とはソフトのSで差別化されているともいえるでしょう。

ポイント

7Sは数が多いこともありそれほど普及しませんでしたが、ソフトの4つのSを意識して経営する必要があります。

近年、社風や人材などのソフト面が新しい変革を生み出す障害になる事例が多いといえます。

Book

マッキンゼー
成熟期の
成長戦略

『マッキンゼー 成熟期の成長戦略2014年新装版』大前研一著
大前研一氏率いるマッキンゼーコンサルタントが語った「7つの分析／思考の技術」を書籍化。2014年に新装版発売された。

経営戦略
戦略的思考
外部環境と内部環境
全社戦略・成長戦略
事業戦略
機能別戦略
戦略実行

76 PDCAとバランス・スコア・カード（BSC）

Plan-Do-Check-Action & Balanced Scorecard

戦略を成功させる鍵は、戦略実行した後

戦略がうまくいっているかどうかをチェックし、必要があれば修正や改善をして、再び実行する。このようなサイクルを回すことが大切です。これが、いわゆる「**PDCAサイクル**」を回すということです。

戦略がうまくいっているかどうかを分析する方法には、「**予算統制**」と「**経営指標分析**」があります。「予算統制」は、最初に立てた予算と実績とを比べて、目標通りの数字を達成できているかどうかを調べ、達成の有無を問わず、その原因を分析することです。一方、「経営指標分析」は、財務諸表を基に経営指標の数字をはじき出し、自社の過去の数値や同業他社の数値と比べて、良好な経営状態かどうかを分析する方法です。よく使われる経営指標には、「総資本経常利益率」や、「**ROA（総資産利益率）**」などがあります。

PDCAの概念

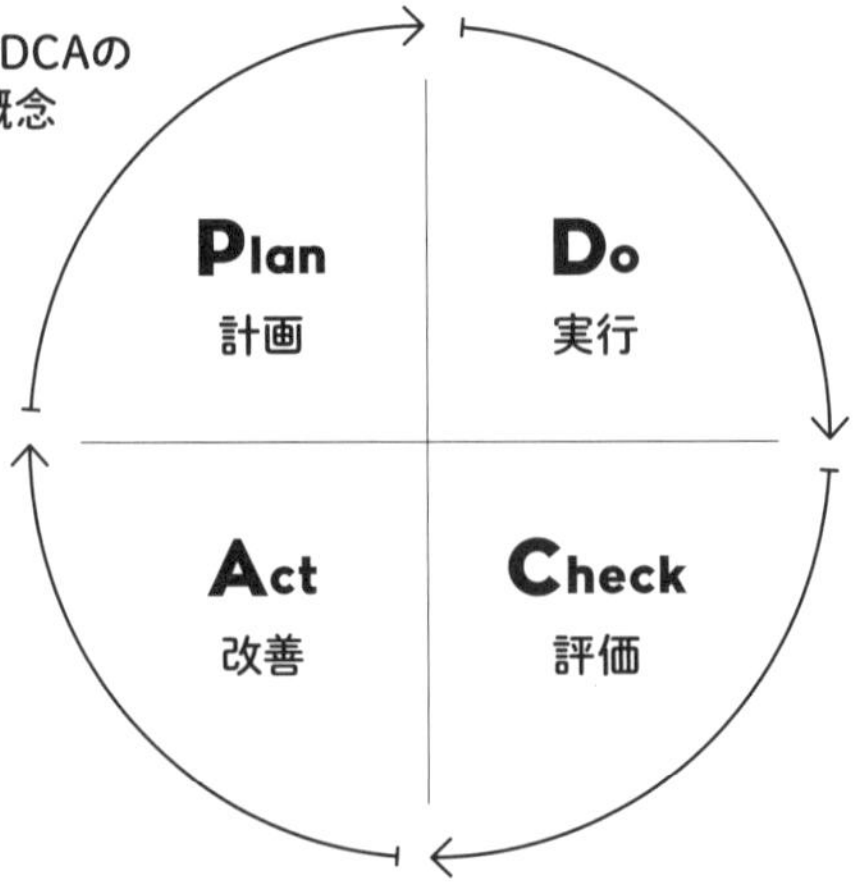
Plan
計画
Do
実行
Act
改善
Check
評価

戦略実行や業績評価を行うツールとしてキャプランとノートンが提唱した「**バランス・スコアカード**（**BSC**）」が有名です。これは、財務、顧客、社内業務プロセス、学習と成長の4つの視点で業績管理指標をバランスよく組み合わせることが重要だとするものです。彼らは、財務的な視点からの予算管理の経営は、あたかもバックミラーを見て運転をするようなものと表現しています。

具体的には、4つのカテゴリーごとに重要な指標KPI（key Performance Indicator）を設定して分解することでさらに具体的な行動への数値目標に落とし込み、戦略の達成状況を測ります。これにより社員参加型の企業経営、計画や予算を戦略と関連づけることができ、財務以外の指標を入れることで挑戦的な組織や社風を醸成することができます。

ポイント

経営トップは業績と社員のモチベーションをリンクすることが大切です。

Book

『**キャプランとノートンの戦略バランスト・スコアカード**』**ロバート・S・キャプラン他著**

管理会計の分野で著名なキャプランとノートンが、最新のマネジメントコントロール手法を紹介。

バランス・スコアカードの概念

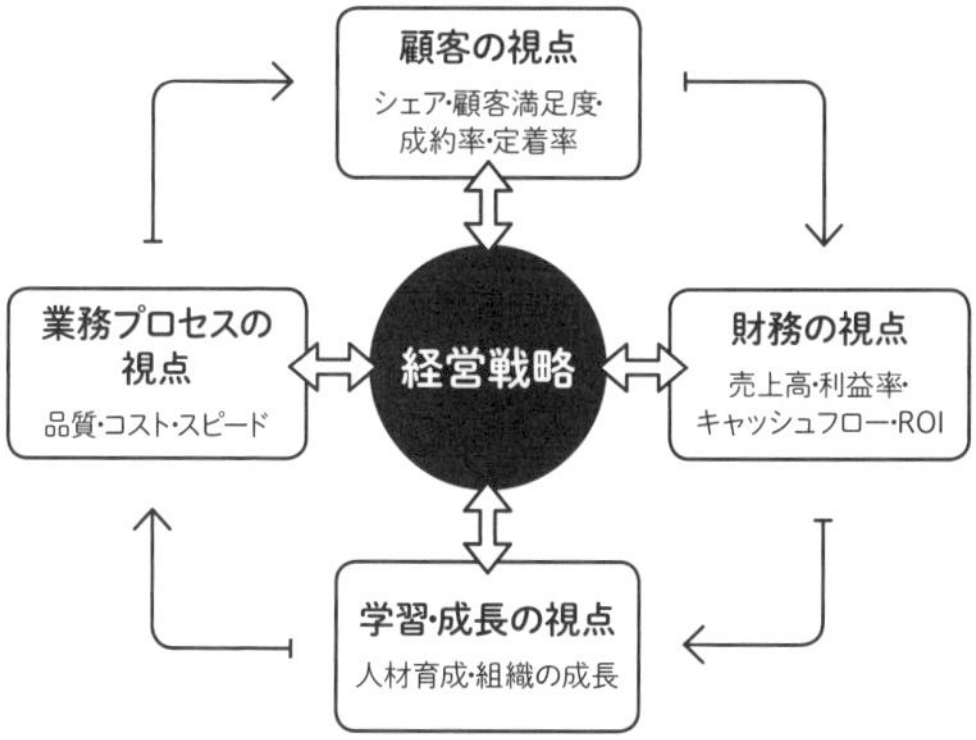

77 コッターのチェンジ・マネジメント理論

Kotter's Change Management

変革のためのリーダーシップ

ジョン・コッターは「チェンジ・マネジメント」すなわち「企業ビジョンも事業ドメインも再設定して、企業文化や行動様式を大きく変革しなければならない」と提唱しました。チェスター・バーナードは1938年の『経営者の役割』において、組織を生産的かつ効率的にするために重要なのは「働く社員のモチベーション・貢献意欲・コミュニケーション」だとしましたが、コッターはそれらは「マネジメント」であり、「リーダーシップ」とは異なるとしました。

そして変革の時代においては「リーダーシップ」が必要でありそれは「ルールを超えて〝啓発と動機付け〟によって、この人についていこうと思わせ、組織集団を動かすための方法論だ」と主張しました。さらに具体的な「変革」のための8つのステップを以下の通り提示しました。

「変革」のための8つのステップ

- **Step 1**　緊急課題であるという危機の認識を徹底させる
  まず市場分析や競合状態を把握し、
  現在の危機的状況や今後のリスクやチャンスを議論する
- **Step 2**　強力な変革プログラムの推進部隊を結成する
- **Step 3**　変革プログラムの方向性を示すビジョンを策定し戦略を立案する
- **Step 4**　あらゆる手段で新しいビジョン・戦略を伝達する
- **Step 5**　社員のビジョン実現をサポートし、リスクを恐れず、
  伝統にとらわれない考え方や行動を奨励する
- **Step 6**　目に見える業績改善計画を策定し貢献した社員を表彰したり報奨を支給したりする
- **Step 7**　定着とさらなる変革の実現
  具体的には、ビジョンを実現できる社員を採用、育成、昇進させる
- **Step 8**　新しいリーダーシップの育成方法を確立して会社の成功との因果関係を明確にする

①緊急課題であるという危機の認識を徹底させる
②強力な変革プログラムの推進部隊を結成する
③変革プログラムの方向性を示すビジョンを策定し戦略を立案する
④あらゆる手段で新しいビジョン・戦略を伝達する
⑤社員のビジョン実現をサポートし、リスクを恐れず、伝統にとらわれない考え方や行動を奨励する
⑥目に見える業績改善計画を策定し貢献した社員を表彰したり報奨を支給したりする
⑦定着とさらなる変革の実現：具体的には、ビジョンを実現できる社員を採用、育成、昇進させる
⑧新しいリーダーシップの育成方法を確立して会社の成功との因果関係を明確にする。

ポイント

コッターは「社交性」と変革を起こす「強烈なエネルギー」がないと、組織を率いることはできないと主張しています。

Book

企業変革力
Leading Change

『企業変革力』 ジョン・P・コッター著
組織には大規模な飛躍と変革が必要な場合があるが、その際に求められるリーダーシップについて論じた名著。

これこそ、今の時代に必要なリーダーシップ像です！

Question 05

3つのハードのSは、________、________、________________。

Question 06

4つのソフトのSは、____________、__________、______、_______。

Question 07

PDCAサイクルとは、______、______、________、_______のこと。

Question 08

戦略がうまくいっているかどうかを分析する方法には、_____と_______があある。

Question 09

経営指標分析は、自社の過去の数値などと比べて企業が良好な経営状態かどうかを分析する手法。よく使われる経営指標として、_________や___________などがある。

Question 10

バランス・スコア・カード（BSC）は、____、____、__________、______の4つの視点で業績管理指標をバランスよく組み合わせることが重要とするもの。

Question 11

バランス・スコア・カードを提唱したのは、_________と_____。

Question 12

コッターは変革の時代においては_________が必要であると説いた。

Examination

Part 7

「戦略実行」テスト

これまで学んだ戦略を実行に移すために

ここまで第2～6章でさまざまな経営戦略について学んできました。しかし、戦略は学ぶだけでは意味がありません。最後の第7章は、それらの戦略を実行する際に必要となる考え方。それでは、「おさらい」してみましょう。

＊設問の答えは232ページに掲載しています

Question 01

「組織は戦略に従う」は、ハーバード・ビジネス・スクールの________________名誉教授の著書（日本語版タイトル）。

Question 02

『組織は戦略に従う』の原著名は________________。

Question 03

戦略や組織は____や____の変化に強く左右されるものであり、それらを無視して語ることはできない。

Question 04

マッキンゼーの____は自社の内部状況を分析するためのフレームワーク。ハードの3Sとソフトの4Sに分けられる。

Answer Part 7

Question 01	□	「組織は戦略に従う」は、ハーバード・ビジネス・スクールの**アルフレッド・D・チャンドラー・ジュニア**名誉教授の著書（日本語版タイトル）。
Question 02	□	『組織は戦略に従う』の原著名は**Strategy and Structure**。
Question 03	□	戦略や組織は**市場**や**環境**の変化に強く左右されるものであり、それらを無視して語ることはできない。
Question 04	□	マッキンゼーの**7S**は自社の内部状況を分析するためのフレームワーク。ハードの3Sとソフトの4Sに分けられる。
Question 05	□	3つのハードのSは、**戦略（Strategy）**、**組織（Structure）**、**社内のシステム・制度（System）**。
Question 06	□	4つのソフトのSは、**共通の価値観（Shared Value）**、**経営スタイル（Style）**、**人材（Staff）**、**スキル（Skill）**。
Question 07	□	PDCAサイクルとは、**計画（Plan）**、**実行（Do）**、**チェック（Check）**、**行動（Action）**のこと。
Question 08	□	戦略がうまくいっているかどうかを分析する方法には、**予算統制**と**経営指標分析**がある。
Question 09	□	経営指標分析は、自社の過去の数値などと比べて企業が良好な経営状態かどうかを分析する手法。よく使われる経営指標として、**総資本経常利益率**や**ROA（総資産利益率）**などがある。
Question 10	□	バランス・スコア・カード（BSC）は、**財務**、**顧客**、**社内業務プロセス**、**学習**と**成長**の4つの視点で業績管理指標をバランスよく組み合わせることが重要とするもの。
Question 11	□	バランス・スコア・カードを提唱したのは、**キャプラン**と**ノートン**。
Question 12	□	コッターは変革の時代においては**リーダーシップ**が必要であると説いた。

The End!

いかがでしたでしょうか？
「経営戦略」講義はこれにて終了です。
次は「ビジネスモデル構築（仮）」講義でお会いしましょう！

References

	著書	著者	出版社	出版年
	リバース・イノベーション	ビジャイ・ゴビンダラジャン、クリス・トリンブル著、小林喜一郎解説、渡部典子訳	ダイヤモンド社	2012年
	デザイン思考が世界を変える ── イノベーションを導く新しい考え方	ティム・ブラウン著、千葉敏生訳	早川書房	2014年
	ランチェスター思考 ── 競争戦略の基礎	福田秀人著、ランチェスター戦略学会監修	東洋経済新報社	2008年
5章	競争の戦略	M・E・ポーター著、土岐坤、服部照夫、中辻万治訳	ダイヤモンド社	1995年
	競争優位の戦略 ── いかに高業績を持続させるか	M・E・ポーター著、土岐坤訳	ダイヤモンド社	1985年
	コトラー&ケラーのマーケティング・マネジメント 第12版	フィリップ・コトラー、ケビン・レーン・ケラー著、恩藏直人監修、月谷真紀訳	丸善出版	2014年
	シナリオ・プランニング ── 未来を描き、創造する	ウッディー・ウェイド著、野村恭彦監修、関美和訳	英治出版	2013年
	ネット・プロモーター経営 ──〈顧客ロイヤルティ指標 NPS〉で「利益ある成長」を実現する	フレッド・ライクヘルド、ロブ・マーキー著、森光威文、大越一樹、渡部典子訳	プレジデント社	2013年
	コーペティション経営 ── ゲーム論がビジネスを変える（重版未定）	バリー・J・ネイルバフ、アダム・M・ブランデンバーガー著、嶋津祐一、東田啓作訳	日本経済新聞社	1997年
	リエンジニアリング革命 ── 企業を根本から変える業務革新（重版未定）	マイケル・ハマー、ジェイムズ・チャンピー著、野中郁次郎訳	日本経済新聞社	2002年
6章	ライフサイクル イノベーション ── 成熟市場+コモディティ化に効く14のイノベーション	ジェフリー・ムーア著、栗原潔訳	翔泳社	2006年
	ビッグデータの正体 ── 情報の産業革命が世界のすべてを変える	ビクター・マイヤー=ショーンベルガー、ケネス・クキエ著、斎藤栄一郎訳	講談社	2013年
	キャズム Ver.2 増補改訂版 ── 新商品をブレイクさせる「超」マーケティング理論	ジェフリー・ムーア著、川又政治訳	翔泳社	2014年
	イノベーションのジレンマ ── 技術革新が巨大企業を滅ぼすとき	クレイトン・クリステンセン著、玉田俊平太監修、伊豆原弓訳	翔泳社	2001年
	トヨタ生産方式 ── 脱規模の経営をめざして	大野耐一著	ダイヤモンド社	1978年
	ザ・ゴール ── 企業の究極の目的とは何か	エリヤフ・ゴールドラット著、三本木亮訳	ダイヤモンド社	2001年
7章	組織は戦略に従う	アルフレッド・D・チャンドラーJr.著、有賀裕子訳	ダイヤモンド社	2004年
	マッキンゼー 成熟期の成長戦略 2014年新装版	大前研一著	good.book	2014年
	キャプランとノートンの戦略バランスト・スコアカード	ロバート・S・キャプラン、デビッド・P・ノートン著、櫻井通晴訳	東洋経済新報社	2001年
	企業変革力	ジョン・P・コッター著、梅津祐良訳	日経BP社	2002年
その他	グロービスMBAマネジメント・ブック	グロービス経営大学院著	ダイヤモンド社	2008年
	MBA経営戦略	グロービスマネジメントインスティテュート著	ダイヤモンド社	1999年
	経営戦略の思考法	沼上幹著	日本経済新聞出版社	2009年
	マーケティング	恩蔵直人著	日本経済新聞出版社	2004年
	図解 カール教授と学ぶ成功企業31社のビジネスモデル超入門!	平野敦士カール著	ディスカヴァー・トゥエンティワン	2012年
	図解&事例で学ぶ ビジネスモデルの教科書	カデナクリエイト著、池本正純監修	マイナビ	2014年
	経営の未来	ゲイリー・ハメル著	日本経済新聞出版社	2008年

参考文献

	著書	著者	出版社	出版年
1章	戦略サファリ 第2版 ── 戦略マネジメント・コンプリート・ガイドブック	ヘンリー・ミンツバーグ、ブルース・アルストランド 、ジョセフ・ランペル著、齋藤嘉則訳	東洋経済新報社	2012年
	新訂 孫子	金谷治訳	岩波書店	2000年
	戦争論(上)(中)(下)	クラウゼヴィッツ著、篠田英雄訳	岩波書店	1968年
	経営戦略の巨人たち ── 企業経営を革新した知の攻防	ウォルター・キーチェル三世著、藤井清美訳	日本経済新聞出版社	2010年
	科学的管理法	フレデリック・W・テイラー著、有賀裕子訳	ダイヤモンド社	2009年
	経営者の役割	C・バーナード著、山本安次郎訳	ダイヤモンド社	1968年
	マッキンゼーをつくった男 マービン・バウワー	エリザベス・イーダスハイム著、村井章子訳	ダイヤモンド社	2007年
	マネジメント[エッセンシャル版] ── 基本と原則	ピーター・F・ドラッカー著、上田惇生訳	ダイヤモンド社	2001年
	エクセレント・カンパニー	トム・ピーターズ、ロバート・ウォーターマン著、大前研一訳	英治出版	2003年
	ビジョナリー・カンパニー ── 時代を超える生存の原則	ジム・コリンズ、ジェリー・I・ポラス著、山岡洋一訳	日経BP社	1995年
	ジョン・コッターの企業変革ノート	ジョン・P・コッター、ダン・S・コーエン著、高遠裕子訳	日経BP社	2003年
	リーンスタートアップ	エリック・リース著、伊藤穣一解説、井口耕二訳	日経BP社	2012年
	ゼロ・トゥ・ワン ── 君はゼロから何を生み出せるか	ピーター・ティール、ブレイク・マスターズ著、関美和訳	NHK出版	2014年
2章	企業参謀 ── 戦略的思考とはなにか	大前研一著	プレジデント社	1999年
	仮説思考 ── BCG流 問題発見・解決の発想法	内田和成著	東洋経済新報社	2006年
	ロジカル・シンキング ── 論理的な思考と構成のスキル	照屋華子、岡田恵子著	東洋経済新報社	2001年
	考える技術・書く技術 ── 問題解決力を伸ばすピラミッド原則	バーバラ・ミント著、山崎康司訳、グロービスマネジメントインスティテュート監修	ダイヤモンド社	1999年
3章	企業戦略論(上)(中)(下)	ジェイ・B・バーニー著、岡田正大訳	ダイヤモンド社	2003年
4章	コア・コンピタンス経営 ── 未来への競争戦略	ゲイリー・ハメル、CKプラハラード著、一條和生訳	日本経済新聞社	2001年
	アンゾフ 戦略経営論 新訳	H・イゴール・アンゾフ著、中村元一監訳、田中英之、青木孝一、崔大龍訳	中央経済社	2007年
	BCG戦略コンセプト	水越豊著	ダイヤモンド社	2003年
	ブルー・オーシャン戦略 ── 競争のない世界を創造する	W・チャン・キム、レネ・モボルニュ著、有賀裕子訳	ダイヤモンド社	2013年
	プラットフォーム戦略	平野敦士カール、アンドレイ・ハギウ著	東洋経済新報社	2010年
	ハーバード流 ソーシャルメディア・プラットフォーム戦略	ミコワイ・ヤン・ピスコロスキ著、平野敦士カール訳	朝日新聞出版	2014年
	フリー ──〈無料〉からお金を生みだす新戦略	クリス・アンダーソン著、小林弘人監修、高橋則明訳	NHK出版	2009年
	知識創造企業	野中郁次郎、竹内弘高著、梅本勝博訳	東洋経済新報社	1996年
	マイケル・ポーターの競争戦略	ジョアン・マグレッタ著、マイケル・ポーター協力、櫻井祐子訳	早川書房	2012年
	マッキンゼー 現代の経営戦略 2014年新装版	大前研一著	good.book	2014年
	BCG 未来をつくる戦略思考 ── 勝つための50のアイデア	御立尚資監訳、ボストンコンサルティンググループ編纂	東洋経済新報社	2013年

おわりに

Epilogue

最後までお読みいただきありがとうございました。

本書は銀行や通信会社の企画部門に長年勤務した経験と、その後経営コンサルタントとして上場企業を中心に多くの顧問先企業（グループ売上高合計は5兆円を超えます）様と接した経験、さらに大学や大学院（ＭＢＡ）で教える中で「こんな本があったらいいな」と思っていた内容を書き下ろしました。

本書でも何度も強調していますが、大切なことは自分のアタマで考えるクセをつけること、戦略思考を身に付けることです。

しかしながら現実に議論をする際に、仲間同士で基本的な用語が通じない、具体的な事例が思い浮かばないことが原因でなかなか本題に入ることができない、という場面に多く遭遇しました。

本書は基本的な事項を網羅したものであり、さらに深い理解をしたいと思う読者の方には、ぜひ参考文献として記載した書籍やセミナーなどで学んでいただきたいと思います。

経営戦略論も時代や環境の変化とともに日々変化していきます。しかし根底にある「いかに社会が豊かになり人々が幸せになるか」という企業の本来あるべき姿を実現し、持続的な成長を実現するためのものである点は不変だと思います。

ぜひ本書を常に机上に置き、折に触れて眺めていただき、何度も読み返し、テストを実際に解いてください。自然に経営戦略とは何かがご理解いただけるようになると願っています。

最後に、本書の刊行にあたっては、朝日新聞出版 書籍編集部の増渕有様、谷野友洋様、カデナクリエイトの杉山直隆様にご協力いただきました。厚く御礼申し上げます。

2015年1月　本郷の自宅にて

平野敦士カール

平野敦士カール

ビジネス・ブレークスルー大学教授（学長大前研一）、早稲田大学ビジネススクールMBA非常勤講師、ハーバード・ビジネス・スクール招待講師、著者大学教授、株式会社ネットストラテジー代表取締役、社団法人プラットフォーム戦略協会理事長。麻布中学・高校卒業、東京大学経済学部卒業。日本興業銀行にて国際・投資銀行業務、NTTドコモiモード企画部担当部長を経て現職。元楽天オークション取締役、元タワーレコード取締役、元ドコモ・ドットコム取締役。上場企業を中心に数多くの会社のアドバイザーを務める一方、経営コンサルタント養成、国内外での講演多数。著書に『プラットフォーム戦略』（東洋経済新報社）、『図解 カール教授と学ぶ成功企業31社のビジネスモデル超入門！』（ディスカヴァー・トゥエンティワン）、『新・プラットフォーム思考』（朝日新聞出版）、訳書に『ビジネスモデル・イノベーション――ブレークスルーを起こすフレームワーク10』『ハーバード流 ソーシャルメディア・プラットフォーム戦略』（ともに朝日新聞出版）など多数。

URL:ameblo.jp/mobilewallet/（アメブロオフィシャルブログ）
Facebook:www.facebook.com/carlatsushihirano/

カール教授のビジネス集中講義

経営戦略

2015年1月30日　第1刷発行

著　　者　平野敦士カール
発 行 者　首藤由之

編集協力　杉山直隆（カデナクリエイト）
図版制作　小林祐司

発 行 所　朝日新聞出版
〒104-8011　東京都中央区築地5-3-2
電話　03-5541-8814（編集）
03-5540-7793（販売）
印 刷 所　大日本印刷株式会社

Published in Japan by Asahi Shimbun Publications Inc.
ISBN 978-4-02-331358-3

定価はカバーに表示してあります。